세계의
자녀 교육

"가정교육을 어떻게 받았기에 저렇게 질서정연하고 남을 잘 배려할까?"

전 세계에 큰 충격을 주었던 3.11 일본 대지진 사태를 바라보며 많은 사람들은 놀라움과 안타까움을 금할 수 없었다. 그러면서도 세 시간 이상 줄을 기다려 물품을 사고 대중교통을 질서정연하게 이용하고, 물건을 살 뒷사람을 위해 자신이 필요한 물건만 사는 일본인의 모습에 감탄하기도 했다.

선진국이란 경제적 능력뿐만이 아니라 그 사회를 이루고 있는 국민들의 시민의식, 도덕적 가치관이 얼마나 성숙되어 있느냐도 포함된다는 사실을 일본 대지진 사태에서 느낄 수 있었다. 이러한 사회 전체의 질서 의식과 도덕적 가치관을 형성하는 것은 사회의 기본 단위인 가정이다.

학교나 사회에서 좋은 프로그램으로 아이를 가르치려 해도 가정교육이 제대로 밑받침되지 않으면 올바른 인격 형성은 이루어지지 않는다. 가정에서 부모로부터 어떠한 가치관을 배우고 어떤 행동을 보고 배웠느냐가 그 사람의 기본적인 품성을 형성하기 때문이다.

부모의 자녀 교육 방침은 각자의 자녀 교육관과, 환경에 따라 모두 다르다. 또한 아이들은 어떤 존재로 바라보는가, 행복의 기준을 어디에 두는가에 따라 달라진다.

이 책에서는 우리나라 밖 나라들의 자녀 교육 원칙과 방법론, 교육제도 등에 대해 살펴보고 있다. 다른 나라의 자녀 교육을 살펴보는 것은 세계를 알아야 우리를 알 수 있고, 순수 토종인으로 키우더라도 세계적 인재를 기를 수가 있기 때문이다.

물론 여기 소개된 국가들의 자녀 교육이 정답은 아니다. 우리의 교육이 더 뛰어난 면도 있다. 일본인에 대해서 겉과 속이 다른 음흉한 사람들이라는 비판도 있고, 남에게 폐를 끼치는 않고 질서정연한 모습은 배워야 한다는 목소리도 있다. 메이와쿠(迷惑) 문화의 본질에 대해서는 논란이 있기는 하지만 그들에게서 타산지석으로 삼을 것들이 있다.

이 책에서는 그들이 건네준 메시지 중에서 우리 자녀들의 교육 방법의 힌트를 얻고자 한다. 한국의 부모들이 세계 부모들의 자녀 교육과 교육 제도를 살펴봄으로써, 자녀를 성장하고 교육하는 데 조금이나마 도움이 되기를 바란다.

차 례

Contents

차 례

제5장 : 멀티플레이어로 키워라

제6장 : 세계적 리더로 키우는 인성교육

Contents

자녀를 훌륭한 사람으로 만들고 싶다면 첫 단추라 할 수 있는 가정교육부터 제대로 되어야 한다. 겉으로 보기에 자유분방해 보이는 선진국의 경우 인재 양성을 위해 가장 우선시 하는 것이 가정교육이다.

선진국의 부모들은 아이에게 자유를 허락하는 것만큼이나 아이들이 지켜야할 규칙과 규율을 엄하게 다스린다. 나이가 어리다는 이유로 남에게 피해를 주는 행동을 하거나 질서와 예의를 무시하는 행동은 엄격히 다스린다. 휴지 한 장이라도 무심코 버리는 일이 없도록 기초적인 생활 질서 훈련을 강도 높게 실시한다. 어려서부터 철저하게 질서를 가르치고 사회에서 지켜야할 도리를 가르쳐야지만 성인이 된 후에도 올바른 행동과 가치관을 지켜나갈 수 있다고 생각하기 때문이다.

이처럼 개인의 인격 형성은 물론 국가와 사회 전체의 도덕성과 가치관까지 결정하는 가정교육, 선진국의 가정교육은 어떻게 이루어지고 있는지 그들의 생활 속으로 들어가 보자.

01

가정은 자녀 교육의 중심이다

모든 교육은
가정에서 이루어진다

3.11 대지진으로 일본은 대 혼란을 겪고 있지만, 전 세계인들은 그들의 침착한 모습과 남에게 피해를 끼치지 않는 모습에 감탄했다.

도로가 망가져서 차가 다니지 않았던 센다이 지역 도로에서 파란불을 기다려서 길을 건너는 사람들, 여진으로 땅이 흔들리는 와중에서도 빨간 신호등에 정지선을 유지하는 사람들, 구조 대원들에게 구조되어 나오면서도 연신 "신세를 지게 되어서 미안하다."고 말하는 할머니 등등. 일본이 어떻게 지금의 선진국에 이르렀는지를 알 수 있는 일면이었다.

이처럼 일본 사람들은 자신이 당해서 싫은 것은 다른 사람에게도 하지 않는다. 그래서 발달한 것이 '메이와쿠((迷惑)' 라는 덕목이다. '메이와쿠((迷惑)' 란 남에게 끼치는 폐를 뜻하는 일본말로 '남에게 폐를 끼치지 마라.' 는 일본의 사회윤리의 핵심적 의미이다.

일본을 찾은 관광객들은 깨끗한 거리와 질서정연한 사람들의 모습을 보고 놀란다. 일본인들에게 '한 줄서기' '쓰레기 함부로 버리지 않기' '다른 사람에게 피해주지 않기' 등은 어린 아이들조차 당연하게 지켜야 할 사회 규범이다. 어린 아이라고 해서 공공장소에서 소리를 지른다거나 뛰어다니는 모습은 볼 수 없다.

무질서하거나 흐트러진 모습을 찾아볼 수 없을 정도로 정리정돈이 잘 되어 있는 나라 일본, 이러한 일본이 가능한 이유는 가정교육에 있다.

일본의 부모들은 배려, 정직, 친절, 청결, 책임, 예절, 단합 등을 자녀 교육의 덕목으로 삼고 교육한다.

일본인들은 청소기나 세탁기를 새벽이나 한밤중에 사용하지 않는다. 가전제품에서 나는 소음이 이웃에게 피해를 줄 수 있다는 생각때문인데, 이처럼 아주 작은 것이지만 다른 사람을 배려하는 예의가 깃들어 있다.

그 뿐만이 아니라 수많은 사람들이 오가는 공원은 언제나 깨끗하다. 아이들과 맑은 공기를 쐬러 산책을 나온 어머니, 업무 스트레스를 풀기 위해 잠시 나온 직장인들까지 다양한 사람들이 공원을 다녀가지만 쓰레기를 함부로 버리거나 꽃이나 나무를 꺾거나 잔디를 함부로 밟는 행동은 찾아볼 수 없다. 정기적으로 공원을 관리하고 청소하는 사람이 있어서 깨끗함이 유지되기 하지만 그들의 손길만으로 공원이 깨끗하게 유지되는 것은 아니다. 이것은 일본인들이 어릴 때부터 가정에서 '메이와쿠((迷惑)'를 교육받았기 때문이다.

이처럼 일본인들이 '메이와쿠((迷惑)' 덕목을 최우선으로 아이들에게 교육하는 이유는 대인관계를 중요시하기 때문이다. 일본인들은 자녀 교육을 내 아이만 잘 되기 위해 해야 하는 것이라고 생각하지 않는다. 아이가 커서 올바른 사회 구성원으로 자라게 하는 것이 자녀 교육이라고 생각하기 때문에 남을 위한 배려와 사회 구성원으로서 지켜야 할 예의범절을 최우선으로 가르친다.

일본인들의 이러한 교육방침은 아이가 말을 하기 시작하는 무렵부터 시작된다. 우리나라 부모들이 자녀들의 지능 개발이나 재능 교육에 힘쓸 때 그들은 사회 예절 교육에 열성을 쏟는다.

일본인들은 자녀들이 집안에서는 자유롭게 생활하도록 하는 대신 공공장소에서는 엄격하게 행동을 규제한다. 공공장소에서 울거나 떼를 쓰는 아이, 지하철 의자에 신발을 신고 올라가는 아이 등은 엄하게 꾸짖는다. 야단을 칠 때에도 다른 사람에게 피해가 가지 않도록 자리를 피해 꾸짖는다.

인사 교육도 일본인들이 아이들에게 철저하게 시키는 가정교육중 하나이다. 일본의 아이들이 가장 먼저 배우는 말이 '고맙습니다.' '실례합니다.'라고 할 정도다. 또한 일본의 초등학교 교과서는 첫 단락에서부터 남과 인사하는 방법을 우선으로 가르치고 있다. 일본의 부모들은 자녀가 집밖에 나가서 인사를 잘 하지 않으면 매우 부끄럽게 여길 정도이다.

그들은 처음 보는 외국인들에게 '실례합니다.' '죄송합니다.'라는 말들을 자주 사용한다. 길을 가다가 스치기라도 하면 공손하게 '죄송합니다.'라고 말하며 화장실 등 좁은 공간에서 부딪힐 염려가 있으면 미리 '실례합니다.' '죄송합니다.'라고 말한다.

식사 후에 감사의 마음을 표현하고, 친구 집에 놀러가서도 먼저 실례한다는 인사를 건네는 일본 아이들, 이 아이들이 자라 선진국인 지금의 일본을 형성하는 것이다. 일본이 친절과 질서, 예의로 대표되는 나라가 된 데에는 이러한 가정교육이 바탕이 되었음은 물론이다.

가정은 세상의 중심이다

세계를 움직일 예비 지도자가 모여 공부한다고 하는 하버드 대학의 경우 약 16,700여 명의 전체 학생 가운데 약 27%에 해당하는 4,500여 명의 학생이 유태인이다. 또한 소위 아이비리그로 불리는 미국의 명문 대학 내 유태인 학생의 비율은 20%가 넘는다. 더욱 놀라운 것은 유태인의 인구가 세계 인구에서 차지하는 비율이 0.37% 정도에 불과하다는 점이다.

'상대성 이론' 으로 우주의 신비에 접근한 아인슈타인, 중세 시대의 과학자 갈릴레이 갈릴레오, 미국인으로 알고 있는 '발명왕' 토마스 에디슨, 정신 분석의 거성 프로이트, 『제3의 물결』로 미래 사회를 예견한 엘빈 토플러, 미술사를 빛낸 화가 샤갈, 풍부한 감성으로 오늘날까지 사랑을 받는 음악가 멘델스존과 지휘자 번스타인, 외교의 귀재 헨리 키신저, 경제계에서 유럽을 장악한 '금융 왕' 마이어 암셀 로스차일드 등등. 여기에 이름을 거론한 인물 이외에도 각 분야에서 최고의 위치에 이름이 올라 있는 유태인은 헤아릴 수 없이 많다.

이러한 유태인의 나라, 이스라엘의 인구는 우리나라의 12.5% 정도이며, 영토는 우리나라의 20% 정도에 지나지 않는다. 세계 인구의 0.37%에 불과한 민족이 이루어내는 결과치고는 가히 기적에 가까울 정도이다(유태인은 특정 민족이나 나라의 국민을 말하기 보다는 세계 각지에 흩어져 있으며 유태교를 믿는 사람을 지칭하는 말로 사용된다. 이스라엘 사람들뿐만 아니라 전 세계에는 유태인들이 널리 분포되어 있다).

혹자는 이러한 결과를 두고 선천적으로 우수한 유전 인자를 가지고 있어서 라고도 한다. 그러나 정작 이스라엘인들은 자신들이 우수하게 길러졌다고 말을 한다. 그리고 그러한 교육이 아주 어릴 때부터 가정 안에서 부모에 의해 이루어진다고 믿는다.

그래서 가족 사이의 유대 관계가 매우 강한 이스라엘 가정에서

부모들은 자녀 양육을 그들의 최우선 과제로 생각하며, 가정에서 자녀들은 항상 사랑과 격려를 듬뿍 받으며 자라난다.

그러므로 이스라엘의 가정에서 아이들은 공부하는 것, 친구를 사귀는 것, 그리고 생활의 크고 작은 규칙 등 모두를 아버지와 어머니에게서 배운다. 그들은 유치원과 학교를 아이의 성장을 돕는 하나의 보조기관이라고 생각하며, 아이에게 부족한 지식을 채워 주고 공동생활의 질서를 익히는 장으로 생각한다.

이스라엘의 학부모 회의는 보통 오후 7시쯤 열리는데, 아이들이 모두 집으로 돌아간 이후에 하루 일과를 끝낸 학부모들이 저녁을 먹고 학교에 모인다. 학부모 회의는 매월 1회 이상 반별로 열리게 되는데 보통 95% 이상의 출석률을 보인다. 그리고 어머니들뿐만 아니라 아버지들도 25%나 참여한다.

이스라엘의 학부모 회의는 단순히 어머니들이 담임 선생님과 인사를 나누고 자녀 문제를 상담하는 차원에서 끝나는 곳이 아니다. 많은 부모들이 학교 발전과 학생들의 보다 나은 교육 환경을 위하여 스스럼없이 의견을 내어놓고 서로 합의 하에 새로운 교육을 행하는 곳이다. 뿐만 아니라 이스라엘의 학부모 회의는 학부모를 교육시키는 장이기도 하다.

이처럼 이스라엘인들에게 학교는 자녀 교육을 위한 보조 수단으로 생각하며 부모가 자녀 교육의 중심이라고 생각한다.

이스라엘인들은 가정이 곧 사회의, 국가의, 세계의 가장 작은 단위이며 축소판이라고 믿는다. 물론 많은 나라의 민족들이 그런 생각을 가지고 있기는 하다. 그러나 이스라엘인들만큼 그러한 생각을 철저히 믿고 실천하는 사람들은 드물다. 그들은 일상과 인생의 가치를 우선적으로 가정에 두고 살아간다.

자녀의 최초 교육자는 부모이며, 가정은 올바른 교육을 펼칠 수 있는 교육의 장이라 생각한다. 그리고 가정 안에서의 다양한 교육 활동을 통해 자녀가 보다 자연스럽게 받아들일 수 있도록 가르쳐 준다.

"오늘은 엄마랑 식사를 할 때 어떻게 해야 하는지 배워볼까? 자, 한 손은 식탁 위에 올려놓고 나머지 한 손은 숟가락을 잡아."

"이렇게요?"

"그래, 잘 했어. 식탁에는 엄마가 널 위해 정성 들여 만든 음식들이 가득해. 그걸 네가 맛있게 먹어준다면 엄마는 행복할거야."

이처럼 이스라엘인들은 학교에서 배우지 못하는 것들을 부모가 가르치는 일에 많은 시간을 투자한다. 그들은 학교 교육보다 오히려 가정교육에 더욱 신경을 쓴다 하여도 과언이 아닐 정도이다.

가정을 세상의 중심에 두고, 자녀에 대한 교육을 부모의 가장 큰 의무로 생각하면서도 자녀들의 개성과 특성에 맞는 길을 살려주고자 노력하는 이스라엘인들을 보면, 그와 같은 환경에서 태어나고 자라는 이스라엘의 자녀들 가운데에서 이 세계를 움직이고 변화시키는 세계의 리더가 끊임없이 배출된 것이 자연스러운 결과라고 할 수 있다.

소신을 가지고 키운다

'God made the world, but the Dutch made Holland themselves.'

(신은 세상을 만들었지만 네덜란드 사람들은 스스로 네덜란드를 만들었다.)

네덜란드를 가리켜 '강소국(强小國)' 이라 한다. 강대국과 약소국은 익숙하지만 강소국(强小國)은 생소할 것이다. 보통 인구와 국민 소득에 따라 대, 중, 소와 강, 중, 약으로 나뉘는데 강소국은 인구는 적지만 경제력과 소득이 높은 나라 즉 스위스, 스웨덴, 네덜란드, 핀란드 등을 지칭하는 말이다.

네덜란드는 국가 경쟁력 세계 4위, 사업환경 세계 1위, 교육투자 효율성 세계 1위, 튤립의 나라, 풍차의 나라, 바다를 막아 땅을 창조한 나라, 치즈의 나라, 유럽의 물류 중심의 나라, 빈센트 반고흐와 렘브란트를 배출한 나라, 세계적인 기업인 필립스와 유니레버, 하이네켄을 만들어 낸 나라 등의 수많은 수식어가 붙는다. 우리나라 사람들에게는 2002년 월드컵에서 4강으로 이끌었던 거스 히딩크 감독의 나라로 더 잘 알려져 있다.

네덜란드와 우리나라는 비슷한 점이 많다. 열강에 둘러싸인 소국, 빈약한 자원, 좁은 땅덩어리……. 하지만 지금 네덜란드는 단점을 극복하고 당당히 서있다. 이를 가능케 한 것은 바로 그들이 소신을 가지고 이루어지는 자녀 교육에 있다.

네덜란드의 부모들은 소신을 가지고 자녀를 키우는 것으로 유명하다. 네덜란드 부모들의 소신이 잘 드러나는 것이 낙제 제도에 대한 생각이다. 네덜란드에서는 다른 과목에서 뛰어난 성적을 얻더라도 단 한 과목이라도 평균 점수에 미달이 되면 낙제를 받게 된다. 그러나 자녀가 낙제를 받는다고 하더라도 부모들은 창피하게 생각하거나 부끄러워하지 않는다.

그들은 낙제가 자녀의 학습능력 향상을 위해 잘된 일이라고 긍정적으로 받아들인다. 그렇기 때문에 낙제 점수를 받았다고 해서 속상해하지 않으며, 낙제한 친구를 멀리하지도 않는다. 이들은 교육이라는 것이 결과만을 중요시하는 끝이 아니라 각 과정 하나하나에서 자녀를 성숙한 인격으로 만들어주는 여정으로 생각한다.

또한 네덜란드에서는 반 편성이 학교 정책이나 선생님의 선택에 의한 것이 아니라, 학생 능력에 따라 배정된다. 즉 같은 학교에서도 과목별로 여러 단계로 나눠 학생의 지적 수준에 맞춰 수업이 진행된다. 수업을 잘 따라오지 못하는 아이를 위해 보충수업도 활성화되어 있다.

"여론을 수렴하다보면 내 축구 철학이 흔들릴 수 있고 전술적인 완성도가 방해받을 수 있다. 나는 오로지 나의 길을 간다."

2001년 4월 이집트 4개국 대회를 목전에 둔 네덜란드인 거스 히딩크가 당시 대표팀 구성에 말이 많았던 언론을 두고 남긴 말이다.

국내 여론이 계속되는 평가전과 대회에 이렇다 할 결과를 내놓지 못하는 히딩크를 향해 '국내 축구를 모른다.' '지나치게 체력 훈련에 많은 시간을 할애한다.' 며 온갖 비난이 쏟아질 때에도

'오대영'이라는 치욕스런 별명이 불려질 때에도 히딩크는 묵묵히 자신의 소신을 지켜나갔다. 그리고 그의 한결같은 방식 속에서 선수들은 점점 성장하게 되었다. 만약 히딩크가 협회나 여론에 휘둘릴 때마다 자신의 소신을 굽히고 훈련 방법을 수정했다면 어떻게 됐을까?

우리가 자녀들을 가르칠 때도 마찬가지다. 가장 중요한 것은 부모의 소신이다. 이 때 가장 먼저 생각해야 할 것은 내 아이에게 무엇을 가르칠 것인가가 아니라 내 아이에게 맞는 교육이 어떤 것인가이며 어떤 원칙을 가지고 있느냐 이다. 무엇을 가르치느냐는 그 후의 문제다.

영어 학원 바람이 불면 영어 학원으로, 한자 학원 바람이 불면 한자 학원으로 아이들을 내모는 것은 의미가 없다. 아이들은 부모의 소유물이 아니므로 모든 교육의 중점은 부모의 욕심보다는 아이들 각자가 가진 꿈과 개성이 무엇이고 그걸 어떻게 키워줄 것인가에 맞춰져야만 한다. 여기엔 내 아이가 다른 아이들보다 조금 더디더라도, 또는 내 아이가 남보다 떨어지더라도 다른 아이들과 비교하지 않고 초조해하지 않는 자세가 필요하다.

그러기 위해서는 내 아이에게만 맞는 교육이 무엇인가를 고민

해야 하는데 이때 필요한 것이 부모의 소신인 것이다. 모든 아이가 똑같은 속도를 가지고 자라지 않을 뿐더러 똑같은 재능을 갖고 태어나지도 않았다. 그렇기 때문에 가장 좋은 교육은 내 아이에게 맞는 교육이며 그 방법을 택할 때에 필요한 것이 네덜란드 부모들과 같은 소신이다.

아이들의
밤을 지켜라

　　과거 우리나라 사람들에게 핀란드에 대한 이미지를 떠올리라고 하면 자일리톨의 원료가 되는 비죽비죽 솟아있는 자작나무를 생각해냈다. 하지만 몇 년 사이 이러한 사정은 크게 변하였다. 이제 우리나라 사람들은 핀란드 하면 배우고 싶고 닮고 싶은 선진 교육을 시행하고 있는 나라라고 말한다.

　　각 나라의 학력을 측정하는데 있어서 최고의 권의를 가지고 있는 PISA(학업 성취도 국제 학력 평가)에서는 각 나라에서 선발된 15세 청소년을 대상으로 읽기, 수학, 과학 등의 풀이 능력을 테스트 하는데, 단답형의 문제가 아닌 종합적인 사고력과 창의력을 요하는 문제로 구성되어 있다.

핀란드가 뛰어난 교육환경으로 세계의 주목을 받게 된 것은 바로 이 PISA에서 53개국 중에 2001년, 2003년, 2006년 연속 1위를 차지했기 때문이다.

교육에 막대한 투자를 하고 있는 미국의 시사주간지 〈US뉴스 앤 월드리포트〉에서는 교육 분야에서 미국이 가장 본받아야 할 나라로 핀란드를 꼽았다. 그리고 이러한 영향때문인지 교육에 관심이 높은 일본과 우리나라에는 핀란드 교육 따라잡기 열풍이 불어왔다.

핀란드의 위와 같은 성과 뒤에는 우수한 교육 시스템이 자리하고 있다. 핀란드는 초등학교에서부터 대학교까지 모두 무상으로 교육한다. 학비만 무료인 것이 아니라 급식이나 준비물 등 공부를 하기 위한 부대비용까지 국가에서 모두 지원한다.

학교에서 많은 것을 해주기 때문에 다른 나라의 부모보다는 심적으로 편할지는 모른다. 하지만 대신 핀란드의 부모들은 학교에서는 관여할 수 없는 아이들의 수면 습관에 지대한 관심을 쏟는다.

많이 알려진 이야기지만 핀란드의 부모들은 아기가 태어나면 생후 2년까지 밖에서 잠을 재운다고 한다. 사실 몇 명의 극성맞은 부모들만이 행하고 있는 문화가 부풀려진 것이라고 생각하기 쉽지만 이곳에서는 누구나 따르는 관습이다.

영하 15도 밑으로 내려가지만 않으면 아기를 생후 2년까지 밖에서 재우는 이유는 차가운 곳에서 자야 아이의 두뇌가 활성화되고 참을성이 길러지기 때문이라고 한다.

외부인의 입장에서 보면 이것은 단지 독특한 이 나라의 문화일 뿐이다. 하지만 자세히 들여다보면 핀란드 가정교육의 모태가 되는 예화이다. 핀란드의 가정에서는 아이가 잠을 잘 자야 올바르고 훌륭하게 자라난다고 생각한다.

얼마 전에 핀란드 아이들의 수면이 점점 불규칙해지고 있다는 사실이 핀란드 사회의 주요 쟁점으로 떠오른 적이 있었다. 이에 대한 해결 방안으로 몇몇의 부모들은 아이들의 수면일기를 쓰기 시작했고 이제는 점차 확대되어 여러 가정에서 두루 시행되고 있다.

"어제는 몇 시에 잠들었니?"

"밤 9시쯤이요."

"잠은 어땠니? 푹 잤니?"

"그제보다 1시간이나 일찍 잤는데 더 피곤해요. 어제 저녁때 많이 먹어서 소화가 안 되어 그랬던 것 같아요."

"그렇구나. 이제부터는 저녁 식사에 무거운 음식은 피하도록 해야 겠다."

핀란드의 부모들과 아이들이 아침에 나누는 일상적인 풍경이다. 부모는 아이의 수면 시간과 수면의 질 그리고 개선 사항까지 꼼꼼히 체크를 하며 일기를 쓰는 것이다.

이렇게 핀란드의 가정에서는 아이에게 가장 좋은 영향을 주는 수면 습관을 찾기 위해 노력한다. 그리고 아이 스스로도 이런 대화 속에서 수면의 중요성을 인식하게 된다.

아이가 즐겁게 뛰어노는 것이 우수한 학업 성적의 이유라며 아이들에게 최대한의 자유를 주는 핀란드 사람들이 아이들의 수면에 주의를 기울이는 것은 당연한 일일지도 모른다. 아이가 잠을 잘 자야 다음날 마음껏 뛰어놀 수 있으며 수업 시간에도 집중할 수 있기 때문이다.

또한 핀란드에서는 집중력을 매우 중요시해서 집중력을 기르는 수업 시간까지 따로 마련되어 있는데 휴식을 잘 취한 아이들의 집중력이 더 높은 것은 두말할 것도 없다.

핀란드의 아이들은 3~4시면 학교를 마치고 집으로 돌아와 자신의 시간을 갖는다. 돌아와서 공부를 전혀 안 하지는 않지만 우리나라 아이들처럼 잠들기 전까지 공부에 치이는 일은 상상도 할 수 없다.

하루 공부 시간의 양으로만 따지면 우리 아이들이 핀란드의 아이들보다 2~3배는 더 많은 시간을 책상에 앉아있다. 하지만 학업 성취도는 핀란드 아이들이 더 우수하다.

아이들의 풍요로운 밤을 지키기 위해 많은 노력을 기울인 핀란드의 가정교육 덕분에 핀란드에서는 학교 수업 시간에 졸거나 쉬는 시간에 책상에 엎드려 있는 아이를 찾아볼 수 없다. 이곳의 아이들은 생기 넘치는 모습으로 즐겁게 집중하며 공부를 하고 있다.

- 책을 읽어주자

잘 알려진 대로 유태인들의 전통 중에는 자녀를 재울 때 책을 읽어주는 일과가 포함되어 있다. 이를 베갯머리 이야기(Bed Side Story)라고 하는데 많은 사람들이 오늘날의 유태인을 있게 한 저력으로 이 전통을 이야기한다.

유태인의 『탈무드』에 나오는 잠언 가운데에는 '돈을 빌려주는 것은 거절해도 책을 빌려달라고 할 때는 거절하지 마라.'는 말이 나온다.

유태인 아버지들은 가정에서 한가한 시간을 보낼 때 책을 손에서 놓지 않는다. 이런 모습을 옆에서 보는 자녀들은 나이가 어려서 아직 글자를 모르더라도 아버지를 따라 책을 읽는 흉내를 낸다. 그런 흉내를 통해 어린 자녀들의 머릿속에 '아버지는 책을 읽는 사람'이라는 관념이 깊게 뿌리를 내리게 된다. 바로 이러한 유태인의 습관들이 현명한 유태인, 머리 좋은 유태인들을 만드는 것이다.

유태인 아이들의 상상력과 창의력, 풍부한 언어능력은 부모들이 읽어주는 책에서 비롯되었다고 해도 과언이 아니다. 실제로 유태인 아이들은 4살 정도만 되도 평균 1,500개 이상의 어휘를 소화한다고 한다.

- 참 잘했어요

아이들의 자신감은 만 6세부터 12세 사이에 완성된다고 한다. 이 시기에 '너는 머리가 참 좋구나?' '넌 정말로 착한 아이야' '넌 참 책임감 있는 아이로구나.' 등의 말을 부모나 선생님 또는 친구들로부터 들으면 아이는 자신감이 생겨 스스로 더욱 노력한다.

그러나 이 시기에 '너는 무슨 애가 그 모양이니?' '그럼 그렇지, 네가 하는 일이 다 그 모양이지' '너처럼 말 안 듣는 애는 살다, 살다 처음이다' 라는 식의 핀

잔과 꾸지람을 듣고 자란 아이는 열등감을 키우고 만다.

자신감 있는 아이로 키우고 싶다면 부모의 노력이 필요하다. 이때, 부모의 말 한 마디가 중요한 역할을 한다는 것을 기억하자. '참 잘했어.'라는 말 한 마디와 미소로 아이들을 대하자. 이는 아이들에게는 무궁무진한 힘이 된다. 칭찬과 격려 속에서 자란 아이는 매사에 자신감을 가지고 자존감도 높아질 것이다.

"공부해라."

이 말은 우리나라 자녀들이 가장 많이 듣는 말일 것이다. 부모는 아이들의 학습 능률을 올리기 위해서는 스스로 공부하게 만들어야 한다는 생각은 가지고 있지만 이를 어떻게 실행해야 할 지 막막해지는 경우가 많다. 그렇다고 마냥 아이가 놀고 싶어하는 대로 놀게 하자니 그것도 어려운 일이다.

학원은 빠지지 않고 다니는데 성적이 안 오르는 아이, 공부에는 전혀 관심이 없는 아이, 책상 앞에 앉기만 하면 지루한 아이 등 학습에 어려움을 겪고 있는 아이는 많다. 그렇다고 공부 잘하는 아이를 살펴봐도 이렇다 할 방법이 있어 보이지는 않는다. 공부 잘하는 아이와 공부 못하는 아이의 차이는 무엇일까?

가장 큰 차이는 아이가 공부에 흥미를 느끼느냐 안 느끼느냐이다. 공부가 재미있는 아이는 누가 시키지 않아도 스스로 공부를 하지만 공부에 재미를 느끼지 못하는 아이는 부모가 아무리 공부하라고 성화를 해도 학습이 나아지지 않는다.

선진국의 교육은 아이들의 흥미와 재미를 자극하고 호기심을 유발하는데 중점이 맞춰져 있다. 이것은 아이들 스스로 공부할 의욕을 갖게 하기 위해서다. 이를 위해 선진국의 교육은 다양한 학습법으로 진행되어지고 있다. 지금부터 선진국의 교육 방식을 들여다보자.

02

신나고 재미있게 공부하자

단순 지식은 가라,
창의성이 중요하다

"한국에 대한 자료를 얻고 싶습니다."

한국관광공사 뉴욕지부는 며칠동안 끊임없이 울리는 전화를 받느라 정신이 없었다. 무려 7백 명이 넘는 미국 학생들이 문의 전화를 해 온 것이다.

놀라기는 한국의 건설교통부 직원도 마찬가지였다. 미국 학생이 국제전화를 걸어 한국에 대한 자료를 달라고 요청했기 때문이다.

미국 학생들이 이렇게 한국관광공사 뉴욕지부와 한국의 건설교통부에 전화를 걸어 한국에 대해 물어보고 자료를 요청한 것은 놀랍게도 학교 숙제를 하기 위해서였다. 미국 학교의 수업에는 자주 다른 나라에 대한 연구 조사 수업이 진행되고 이를 위해 학생들은 각국의 관광공사, 문화원 등을 이용해 자료를 수집하는 것이다. 심지어 국제전화까지 걸어 그 나라에 대한 자료를 수집하는 열성 학생들도 있다.

미국 학생들이 이렇게 자료 수집을 하는 이유는 미국의 교육이 단순 암기 위주의 교육이 아닌 학생들 스스로 자료를 수집하고 연구해 발표하고 토론하는 과정으로 진행되기 때문이다. 백과사전이나 인터넷 등을 이용한 단순한 지식을 가지고는 이러한 수업을 따라갈 수가 없다.

미국의 학생들이 얼마나 문의를 해오는지 그 성화에 못이긴 뉴욕의 일본 영사관의 경우 미국 학생들을 위한 책자를 따로 만들었을 정도다. 『미국 학생들이 물어온 질문에 대한 간단한 답변』이란 책자의 제목을 보면 책을 만들게 된 이유가 분명히 드러나 있다.

미국의 학생들은 이러한 조사를 통해 단순히 다른 나라의 위치와 기후만을 알게 되는 것이 아니라 그 나라의 역사와 문화, 경제 상황 등 전반적인 공부를 하게 된다. 미국의 공공도서관은 많은 장서를 보유하고 있는 걸로 유명한데, 이것 또한 미국의 아이들이 공부하는 데 많은 도움이 된다. 일례로 뉴욕의 공공도서관은 85개 분관을 가지고 있으며 5,200만권의 장서와 다양한 생활문화 강좌로 유명하다.

이러한 공부 방법은 학생들에게 통찰력과 함께 세계를 보는 안목을 키우게 하고 보다 넓은 시야로 세계 각국의 관계와 흐름을 깨우치게 된다.

미국에서는 창의적인 학습 능력도 중요하지만 학교를 거쳐 사회에 나갔을 때 어떤 사람이 될 것인지에도 초점을 둔다. 그래서 미국 아이들에게는 사회성도 중요하다.

초등학생부터 고등학생까지 야구, 축구 등 운동 경기에도 자주 참여해야 하며, 학교나 동네의 스포츠 커뮤니티에도 참여해야 한다. 부모들도 이러한 경기에 자원 봉사로 참여하는 것을 일상으로 여긴다.

얼마 전 한국의 한 학생이 아이비리그 입학 시험에 떨어져서 교포 사회에 화제가 되었던 적이 있었다. 학교 성적뿐만 아니라 운동 경기, 봉사 활동과 같은 과외활동에도 적극적이었던 한국 학생은 입학 가능성이 높았다. 그러나 결과는 불합격이었다.

그 학생은 학교 성적과 과외활동 성적은 뛰어났지만 모든 과목을 두루두루 잘 한다는 점이 어필되지 못한 것이 불합격의 원인으로 꼽혔다. 또한 입학사정관에게 자신에 대해 뚜렷하게 어필하지 못한 것도 원인으로 작용했다. 한 마디로 영어, 수학 등 과목 성적은 뛰어나지만 리더십이 부족하고 상식이 부족한 학생이라고 평가받은 것이다.

이처럼 미국에서는 영어, 수학 등 특정 과목만 뛰어난 아이가 아니라, 조화롭게 균형을 이룬 아이를 더 높게 평가한다. 또한 얼마나 많이 정답을 맞히느냐가 아니라 얼마나 깊이 사고하는가, 창의적이고 논리적인 능력을 갖고 있는가에 초점을 두어 평가한다.

개개인의 능력에
따라 가르친다

초등학교 성적이 하위권인 아이가 있었다. 부모는 아이를 영국으로 유학을 보내기로 결심한다.

아이는 짧은 유학 준비를 마치고, 영국의 중학교 입학 시험을 치렀다. 영어, 수학, 그림그리기, 인터뷰 등 다양한 테스트를 거쳤다. 유학 준비 기간이 짧아 영어는 거의 한 문제도 풀지 못했고 선생님과의 인터뷰 또한 꿀 먹은 벙어리 모양, 아무 말도 하지 못하고 끝이 나고 말았다. 아이는 입학 시험이 끝난 후 풀이 죽어 나왔고 부모는 시험에 떨어졌음을 직감했다.

그런데 며칠 후 날아온 시험 결과는 '합격' 이었다. 영어 문제는 한 문제도 풀지 못했고 인터뷰에서도 거의 답변을 하지 못했지만, 그림 그리기에서 어린이의 의식이 높았다고 평가를 받아 합격한 것이었다. 그 그림은 아이의 사고력을 테스트 하는 것이었는데, 아이가 부자가 되어 가난한 사람들에게 자신이 가진 것을 나눠주는 그림이었다.

이를 통해 한국의 부모는 영국의 학교가 단순히 지식을 원하는 것이 아니라 아이가 어떤 사고를 가지고 있으며, 어떻게 추리할 수 있느냐 하는 능력을 더 중시한다는 점을 알게 되었다.

아이의 입학이 결정된 후 교사 회의가 열렸다. 이 교사 회의를 통해 아이의 장단점, 그리고 잘하고 잘못하는 과목에 대해서 논의가 이뤄졌다. 영어, 역사 등의 과목에서 성적이 떨어졌던 한국 아이는 하루 2시간 정도는 정규 수업 대신 보조교사에게 자신의 능력에 맞는 맞춤 수업을 하도록 결정되었다.

이처럼 영국에는 영어, 수학, 과학 등 과목에 맞추어 우열반이 편성된다. 그래서 모든 과목은 대학 수업처럼 교실을 이동하며 배운다. 우리나라의 경우 우열반에 대해 찬반 논란이 많다. 논란이 많은 이유는 상급반과 하급반으로 나눠 위화감을 조성하고 아이들을 성적 위주로 평가한다는 시각때문이다.

그러나 영국인들은 우열반에 대해 불만을 표시하지 않는다. 영국 부모들은 교사를 신뢰하기 때문이기도 하지만 우열반 시스템이 누가 상급반이고, 누가 하급반인지 구분이 안 가게끔 운영된다.

예를 들어 상급반, 하급반이라던가, A반 B반이라던가 하는 식의 표현을 쓰지 않는다. 획일화되고 암기 위주의 공부가 아니기 때문에 아이들 또한 골고루 상급반에 들기도 어렵기 때문에 상급반과 하급반이 잘 드러나지 않는 장점도 있다.

역사 상급반 학생들이라고 하더라도, 학생들의 공부 과목은 다르다. 공립학교는 학생수가 20명, 사립학교는 15명 정도밖에 불과하지만, 이 학생들 또한 각각 다른 역사 파트를 공부한다. 한 그룹은 고대 역사를, 또 다른 그룹은 현대사를, 영국으로 유학 온 한국 학생은 한국의 역사에 대해 공부할 수 있다.

영국의 부모들은 한국의 부모들 못지 않게 자녀 교육에 대한 열기가 높다. 몇 년전 영국 부모들 사이에서 자녀가 성공하기 위해서는 중국어를 배워야 한다며, 중국어 배우기 열기가 높았다. 그래서 중국인 보모의 인기도 덩달아 상승했는데, 런던의 보통 보모들보다 중국인 보모는 50%가 더 비싼 시간당 보수를 받을 정도였다.

대학 입시 경쟁도 엄연히 존재한다. 그러나 우리나라처럼 온 가족의 희생과 전 사회의 관심이 높은 것은 아니다. 이를 반증하는 것이 영국 대학의 합격률이 95~100% 정도가 된다는 점이다.

이렇게 합격률이 높은 것은 가고 싶은 대학을 여러 곳을 선택할 수 있는 제도로 인해 이 중 최소 한 곳의 대학은 합격을 하기 때문이다.

다음은 우리나라 한 학생이 영국의 명문 대학에 진학하기 위해 입학 시험을 치렀을 때의 일이다.

시험 문제지와 함께 답안지를 받은 한국 학생은 깜짝 놀라고 말았다. 답안지가 한 장이 아니라 공책같이 두꺼웠기 때문이다. 몇 십장의 답안지에 답을 채우려고 생각하니, 앞이 깜깜해져 왔다. 사지선답형 문제에 익숙했던 한국 학생은 당황하고 만다.

그러나 문제지를 읽고 나서는 조금 안심하게 되었다. 문제는 총 20문제로 이 중 자신있는 3개만 골라서 논술식으로 답을 쓰면 되는 것이었다.

이처럼 영국은 우리나라처럼 문제를 모르면 틀리게 해서 학생의 변별력을 알아내는 것이 아니라 학생의 실력이 어디에 있는지를 자유롭게 검증하고 있다.

'천재는 1%의 영감과 99%의 노력으로 만들어진다.'

우리가 잘 알고 있는 에디슨의 말이다.

영국의 교육은 에디슨의 말처럼 아이들이 공부를 잘하는지 못하는지 보다는 얼마나 노력하고 학습에 열정을 가지고 있는지, 어떠한 재능을 가지고 있는가에 더 초점을 둔다고 볼 수 있다.

음악은 모든 교육의
기본이다

연주 실력이 뛰어난 음악가가 있었다. 많은 부모들로부터 레슨 신청이 줄을 이을 정도였지만 이 음악가는 제자를 받지 않는 것으로 유명했다. 그런 그가 어느 날 한 명의 제자를 받아들이기로 한다. 더구나 무료로 레슨을 해주고 소중히 여기는 악기까지 사용하도록 허락했다.

이 사실을 들은 한국인이 그를 만나 이유를 물어봤다.

"그 학생의 재능이 그렇게 뛰어 났나요? 단 한번 연주를 듣자마자 제자로 받아들이신 이유가 궁금하군요."

그러자 음악가가 대답했다.

"글쎄요, 재능 때문만은 아닙니다. 재능으로 친다면 내가 긴장할 만한 재능을 가진 아이들을 많이 봤습니다. 그러나 그 아이들은 모두 부모의 손에 억지로 끌려 온 아이들이었지요. 하지만 제자로 받아들인 학생은 내 연주를 듣고 여기저기 수소문해 스스로 나를 찾아 온 아이였습니다. 재능은 그러한 열정을 가진 아이를 이길 수 없습니다. 열정을 가진 아이만이 평생 음악을 연주하며 살 수 있는 법이지요."

바하, 베토벤, 헨델, 슈만, 베버, 멘델스존, 바그너, 하이든, 모차르트, 슈베르트, 쿠나우, 카이저, 텔레만, 브람스 등등 헤아릴 수 없이 많은 음악가들을 배출한 독일. '독일에는 명곡(名曲)은 있으나 명화(名畵)는 없다.' 라는 말이 있을 정도로 독일 사람들은 음악을 사랑하고 즐긴다. 맥주집에서 들려오는 합창 소리나 수준 높은 시민 합창단을 보면 독일인들의 음악 사랑이 어느 정도인지 알 수 있을 정도다.

이러한 독일인들의 음악 사랑은 자녀 교육에서 음악을 빼놓을 수 없는 부분으로 만들었다.

독일은 조기 음악 교육이 잘 되어 있어 부모의 능력과는 상관없이 음악 교육을 받을 수 있다. 국가나 장학재단들이 나서서 대신 수업료를 내주기도 하고 악기도 대여해 준다. 중·고등학생이나 초등학생이 독일 연방청 소년음악경연대회에 나가 우승을 하면 원하는 대학에서 실기를 지도받을 수 있는 제도도 마련되어 있다.

독일인들의 음악 교육은 재능 있는 아이들에게만 국한되어 있는 것은 아니다. 아이들은 각 시(市)에서 운영하는 음악학교에서 운영하고 있는 음악 교육반에 들어갈 수 있다. 독일의 음악학교라고 부르는 무직술레는 30~100유로(우리나라 돈 4만원~12만원) 정도만 내면 음악 교육을 받을 수 있으며, 악기도 집에 가져갈 수 있다. 그렇지 않은 일반 아이들 역시 가정에서 부모들에게 음악의 기초를 배우는 등 소수의 엘리트 교육이 아니라 누구나 쉽게 접할 수 있도록 하고 있다.

이렇게 독일인들이 음악 교육을 중시하는 것은 어린 시절 접한 음악은 감성 지수를 높이는 데 지대한 영향을 끼칠 뿐만 아니라 지능 향상, 사회성을 길러주는 데 도움이 된다고 생각하기 때문이다. 어린 아이들이 악기를 배우면 머리가 좋아진다는 말은 손가락을 많이 움직이면 뇌에 자극을 많이 줘서 머리가 좋아진다는 이론에서 비롯되었다고 할 수 있는데, 이렇듯 아이들의 음악 교육은 감성 교육뿐만 아니라 두뇌 발달에도 영향을 미친다.

실제로 캐나다 토론토대학 연구팀의 결과에 따르면 음악 교육을 받은 아이와 그렇지 않은 아이의 지능 지수를 조사한 결과 음악 교육을 받은 아이의 지능 지수가 훨씬 높은 것으로 조사되었다. 이것은 음악을 통해 신경조직의 90%가 발달하기 때문에 뇌의 성장에도 영향을 미치기 때문으로 분석되었다.

또한 독일인들은 음악을 알고 사랑하는 것은 단순히 음악적 감각을 키워주는 데 그치는 것이 아니라 정신적으로 건강해질 뿐만 아니라 아이들의 인생을 풍요롭게 해준다고 믿는다. 그래서 독일 아이들은 어렸을 때부터 가정에서 음악과 함께 커나가도록 만들어지고 있다.

그 대표적인 예가 알베르트 아인슈타인이다. 독일의 울름에서 태어난 아인슈타인은 담임선생님이 포기할 정도로 책을 잘 읽을 줄 모르는 난독증에, 심각한 낙제생이었다. 이러한 아인슈타인이 오늘날 위인으로 추앙받게 된 데에는 음악 교육의 힘이 컸다. 그의 어머니는 아인슈타인이 여섯 살이 되었을 때 바이올린을 배우도록 했는데, 7년이 지날 무렵 모차르트 작품에 의해 음악이 가진 수학적 구조를 깨닫게 된다. 성인이 되어서도 아인슈타인은 연구가 잘 풀리지 않을 때에는 선택한 방법이 바로 음악을 듣는 방법이었다.

독일인들은 아이들에게 악기부터 가르치지는 않는다. 우선 아이들이 생활 속에서 음악을 부담 없이 즐길 수 있도록 음악이 흐르는 환경을 제공한다. 음악을 듣고 느낄 줄 아는 것이 악기를 다루는 것보다 훨씬 중요하다고 생각하기 때문이다.

그들은 음악의 기초를 소리라고 생각한다. 비가 오는 소리, 바람이 창에 부딪히는 소리 등 자연의 소리부터 시작해서 그릇이 부딪히는 소리, 시계 초침 소리 등 일상의 소리를 배우는 것이 악보를 빨리 익히는 것보다 중요하다. 이러한 소리를 구별하고 점차 자신의 느낌을 악기로 표현해보고 싶은 욕구를 생길 때 악기 연주를 배워야 음악에 실증을 느끼지 않는다고 생각한다.

음악학교에서도 처음부터 악기를 가르치지 않는다. 자신이 연주할 악기를 고르는 데에만 무려 2년이라는 시간을 투자할 정도이다. 음표의 형태를 손바닥으로 치며 발을 구르게 하고, 실로폰 등의 악기로 박자 감각을 익히게 한 후 타악기 등을 실제로 만져보고 소리를 내보게 하는 등 갖가지 악기를 충분히 느껴본 후 자신에게 맞는 악기를 고르게 하고 그때부터 본격적인 음악 수업에 들어가게 한다. 이 과정을 거치는 데에만 2년이 걸린다.

음악 교육을 바라보는 독일인들의 시선은 아이들의 정서 교육에 집중되어 있다. 재능이 출중하지 않은 경우라도 독일의 부모들이 아이들의 음악 교육을 중시하는 이유이다.

음악과 함께 성장한 아이는 슬픔, 기쁨 등의 감정을 음악으로 표현하고, 삶의 어려움을 음악처럼 순화시켜 나갈 수 있다고 독일인들은 생각한다. 음악을 즐길 줄 아는 아이는 몸과 마음이 건강할 뿐만 아니라 인생의 기쁨과 행복을 느끼고 정서적인 갈등도 음악으로 해소할 수 있다는 것이다.

이러한 독인인들의 음악 교육 덕분으로 독일의 아이들은 정서적으로 안정되어 매사에 자신감이 넘쳐난다.

활발한 토론으로
사고의 힘을 기른다

프랑스는 문화의 종주국이라는 자긍심과 지적 자부심이 매우 높은 나라다. 이러한 자부심의 배경에는 프랑스의 문화 유산과 예술, 그리고 철학 교육과 토론 문화가 바탕이 되고 있다. 철학은 프랑스 교육에서 큰 비중을 차지한다. 세계에서 유일하게 대학 입시에 철학 과목이 포함되어 있는 나라가 프랑스일 정도이다.

세계 여러 나라의 입시제도 중 널리 알려진 것이 프랑스의 바칼로레아 제도이다. 이 시험은 우리나라의 대학입시시험 제도와 비슷한 것으로, 고등학교 마지막 학년에 대학에 입학할 수 있는

지 능력을 테스트 하는 시험이다. 모든 학생들은 자신이 선택한 영역과 전공에 상관없이 철학 시험을 치른다. 철학 시험의 주제는 '사랑이 의무일 수 있는가?' '우리는 자기 자신에게 거짓말을 할 수 있나?' 등등 독창적 사고와 광범위한 독서력을 요구한다.

해마다 그 해의 철학 시험 문제가 프랑스 국민 전체의 관심사가 되어 뉴스에 보도되고 논쟁의 대상이 된다.

철학은 필연적으로 토론 문화를 수반한다. 어려서부터 철학 교육을 받은 탓인지 프랑스 사람들은 토론 문화가 일상화되어 있다. 노동자나 대학생이나 어른이나 아이 할 것 없이 프랑스 사람들은 토론을 즐겨한다.

프랑스로 이민 간 우리나라 사람들은 프랑스 방송이 재미없다고 말한다. 그 이유는 드라마나 쇼 프로그램이 주류를 이루고 있는 우리나라와 달리 프랑스 방송은 각종 토론이나 시사, 다큐멘터리가 시청자들의 인기를 얻어 주류를 이루기 때문이다.

프랑스 정치인들이 TV 프로그램에 나와서 벌이는 토론은 '프랑스의 정치는 예술이다.' 라는 말을 그대로 확인시켜 줄 정도다. 그들은 자신의 주장을 명료하게 발표하며 때로는 위트와 재치로써 상대방에게 비판을 반격한다. 프랑스인들이 토론 프로그램을 좋아하는 것도 명료한 화술과 수사법, 정확한 발음 그리고 위트와 재치까지 엿볼 수 있기 때문이다.

토론은 자기의 주장을 펴고 상대방을 설득하기 위한 것이다. 또한 토론은 자신의 주장에 대한 정당한 근거를 제시함으로써 타인의 동의를 구하는 일종의 합의 과정이기도 하다. 따라서 토론이 발달한 나라는 그만큼 민주주의가 발달해 있다고 할 수 있다. 토론에서의 주장은 책임을 동반한다는 전제를 바탕으로 하며 많은 독서와 자기 사고, 가치관이 정립되어 있어야 하며 비판력이 필수적이다.

이를 위해 프랑스의 토론 문화는 어려서부터 시작된다. 프랑스 자녀들은 부모로부터, 끊임없이 질문하고 적극적으로 대화하라는 가르침을 받기 때문에 평생을 그렇게 살아가게 된다. 이러한 생활을 통해 프랑스 아이들은 생각하는 것과 말하는 것에 있어서 아무런 제한이나 장벽을 느끼지 않는다. 자유로운 사고와 자신이 진리라고 믿는 것을 거침없이 추구함으로써 어른이 되었을 때에도 두뇌를 자유롭고 지혜롭게, 그리고 창의적으로 움직일 수 있게 된다.

가정에서도 이러한 교육은 중요하게 여겨지고 있다. 프랑스 부모들은 아이를 상대로 자주 대화한다. 정확한 문법과 어휘를 선택해 말하는 연습을 시키고 풍부한 언어 표현을 가르치기 위해 노력한다.

"이 문제에 대해서 넌 어떻게 생각하니?"

프랑스 부모들은 사회의 이슈가 되고 있는 문제를 아이에게 묻고 토론한다. 아이가 말하는 것이라고 함부로 여기거나 우습게 생각하는 부모는 없다. 아이의 생각을 진지하게 듣고, 자신의 생각을 논리적으로 펼쳐 아이의 생각이 올바른 방향으로 나아가게 한다.

이러한 교육이야말로 프랑스 부모들이 자녀를, 세계적으로 막대한 영향력을 발휘하는 각 분야의 일인자로 길러내는 비결이라고 할 수 있다.

프랑스의 초등학생들은 일주일에 두세 번 정도 발표 시간을 가진다. 한 가지 주제를 가지고 토론을 하기도 하고 책을 읽은 후에 서로의 느낌과 생각을 나누기도 한다.

책 속의 인물과 사건, 상황 등을 조목조목 나열하면서 '주인공은 그때 왜 그런 행동을 했을까?' '왜 그런 상황까지 가게 되었을까?' 등을 분석하고 토론한다. 토론한 후에는 나름대로의 생각과 느낌을 간단하게 적는다. 이러한 과정은 아이들의 논리력과 창의성을 향상시키고 사고의 깊이를 더해주는 역할을 한다. 또한 토론은 아이들에게 어려서부터 다른 사람의 의견에 귀 기울이고 타인의 의견을 존중하는 습관을 길러준다.

프랑스 아이들은 토론의 내용뿐 아니라 토론을 진행해 가는 과정에서 배운다. 다른 사람이 말할 때 끼어들거나 가로채지 않는 것, 다른 사람의 의견을 존중하면서 자신의 주장을 펼치는 법 등을 배우는 것이다.

그래서 프랑스에서는 답만 쓰는 것이 중요한 것이 아니라 모든 풀이와 사고의 과정을 중시한다. 답을 쓰는 과정도 아주 세밀히 풀어내야 점수를 받을 수 있다. 선생님들도 답이 맞고, 틀리고만 표시하는 것이 아니라 무엇이 잘못되었는지를 일일이 써준다.

이처럼 어려서부터 가정과 학교에서 시작되는 프랑스의 토론 문화는 아이들에게 세상을 보는 안목을 기르게 하고 옳고 그름을 판단하는 능력을 가지게 한다.

프랑스가 국제 무대에서 미국의 독주에 맞서 제 목소리를 낼 수 있었던 저력 역시 활발한 비판과 토론 문화가 있었기 때문이라고 할 수 있다.

기초가 튼튼하면
배우는 건 시간 문제다

네덜란드 사람이라면 태어나서 나이가 들 때까지 귀에 못이 박히게 듣는 속담이 있다. '코스트 하트 포르 더 바트 애트(Kost gaat voor de baat uit).'라는 말이다. 어떠한 목표나 결실을 위해서는 그 과정에 드는 돈이나 시행착오에 따른 비용 등을 아까워하지 말라는 뜻으로, 이 말 속에는 네덜란드인의 경제관, 인생관이 고스란히 녹아있다.

이 말처럼 네덜란드인들은 투자를 제일의 경제활동이라고 생각한다. 자신을 위해 열심히 투자하는 자만이 더 나은 미래를 만들 수 있으며 성공할 수 있다는 것이 그들의 생각이다.

이러한 투자는 자녀 교육관에서도 그대로 나타난다. 그들은 아이의 교육에 투자를 아끼지 않는다. 그렇다고 고액 과외를 시키거나 값비싼 옷을 입히는 것은 아니다. 아이들이 보다 넓은 세상과 많은 것을 접할 수 있도록 여행을 가거나 박물관, 공연장 등을 찾는다.

검소하기로 유명한 네덜란드인들이지만 유난히 여행을 많이 다니는 것은 아이들이 학교에서 배울 수 없는 소중한 경험들을 여행을 통해 얻길 바라는 마음 때문이다. 휴가 기간이 되면 네덜란드의 부모들은 자녀와 함께 평소에 알뜰하게 모아두었던 돈으로 인접해 있는 나라에 여행을 떠나거나 네덜란드 곳곳을 돌아다닌다. 여행을 통해 아이들은 부모와 정서적으로 교감하며 세상의 문물을 견학하게 된다.

또한 네덜란드 부모들이 중시하는 것이 바로 자녀의 기초교육이다. 아이들이 얼마나 많은 것을 배웠느냐도 중요하겠지만 그보다는 아이들이 얼마나 기초를 튼튼히 했느냐가 더 중요하다고 생각한다.

모든 것은 기초에서 출발하고 그 어떤 난해한 문제도 결국은 기초가 더하고 더해져 만들어진 문제라는 것이 네덜란드인들의 생각이다.

사실 아이들이 다른 아이보다 얼마나 빨리, 더 많은 것을 배웠느냐는 것은 그다지 중요하지 않다. 문제는 아이들이 기초를 얼마나 이해하고 그 원리를 파악하고 있는가 이다. 기초가 튼튼하면 보다 높은 단계나 복잡한 문제의 응용도 가능하고 문제를 총체적으로 파악하는 수준이 가능해지기 때문이다.

우리나라 대학에서 강의를 하고 있는 한 네덜란드인 교수는 시험 문제로 네덜란드의 시를 해석하라는 문제를 낸 적이 있다. 그는 개성 있는 해석과 풍부한 감정이 반영된 답들은 모두 높은 점수를 주었다. 그런데 시험이 끝난 후 많은 한국 학생들이 네덜란드인 교수를 찾아와서 "정답이 무엇입니까?"라고 질문을 해서 당황했다고 한다. 그는 한국 학생들이 한 가지 정답만을 알려고 할 뿐 총제적인 지식이나 이론을 정립하지 않는다며 교육 현실을 안타까워했다.

2006년 〈뉴스위크〉가 발표한 세계 100대 대학 순위에 네덜란드 대학은 다섯 곳이 올랐다. 반면 우리나라 대학은 한 곳도 선정되지 못했다. 이렇게 세계의 우수한 대학을 많이 보유하고 있는 경쟁력은 여러 가지 요인이 있겠지만, 기초를 충실히 하는 기본

교육에 원인이 있다고 볼 수 있다.

기초가 튼튼한 아이는 배움에도 재미를 느끼게 마련이다. 따라서 부모는 아이들이 기초를 제대로 닦고 있는지에 더욱 신경을 써야 한다. 기초가 튼튼한 아이들은 지금은 조금 늦게 배울지는 모르지만 결국에는 앞서 나가게 될 것이다.

숙제가 많은 나라

캐나다는 발달된 사회보장제도를 가지고 있으며 정치적으로도 매우 안정되어 있는 나라다. 또한 이웃 나라인 미국과는 달리 총기 사용이 법으로 금지되어 있고 범죄율이 낮다. 어떤 사람들은 캐나다인들이 울창한 산림을 보고 자라 마음이 여유롭고 남을 배려하는 심성을 가졌다고 말하기도 한다.

분명한 건 캐나다가 정치, 경제, 사회, 문화를 비롯한 다양한 면에서 안정되어 있다는 사실이다. UN에서 선정한 세계에서 가장 살기 좋은 곳에 여러 번 선정이 되기도 한 캐나다, 그들의 교육을 살펴보기로 하자.

‘교육의 천국’이라 불리는 캐나다는 복합 민족이자 이중언어 국가이다. 그럼에도 불구하고 ‘통일 후 단결된 국가’로서 굳건히 발전되고 있는 힘은 바로 다양성을 인정하는 캐나다의 교육 체제에서 나온다고 할 수 있다.

교육에 대한 자부심이 강하며 그만큼 교육의 비중이 높은 캐나다는 교육 분야에 GNP의 약 8%를 투자하고 있으며, 1인 교육비는 OECD 국가들 중 최고 수준을 자랑한다. 캐나다의 교육 제도는 가능한 한 많은 사람에게 폭넓은 교육의 기회를 제공하는 것을 목표로 한다.

교육의 목표와 방법은 전적으로 지방 정부인 주정부 관할 하에 이루어지며, 주정부 산하 자치단체들은 지역적 · 역사적 · 문화적 특성을 살리는 선에서 교육 내용도 조금씩 다르다. 일반적으로 초등학교, 중학교육까지는 의무교육으로 중등교육 과정을 수료하면 고등교육과정에 진학할 수가 있다. 공립학교의 한 반 정원은 20명 정도이며 정부의 재정적 지원 하에 수업료와 학용품은 무료로 제공한다. 반면 사립학교는 일정한 학비를 내야 하는데, 학비가 비싼 편이다. 유학생은 공립학교든 사립학교든 모두 학비를 지불해야 한다.

또한 같은 반 친구라고 하더라도 시간표가 각각 다른데, 각자 자신의 시간표에 맞게 교실을 찾아가며 수업을 듣기 때문에 쉬는 시간이 거의 없다고 할 수 있다.

캐나다 역시 우리나라와 마찬가지로 명문대학에 들어가기 위해서는 치열한 경쟁을 치른다. 또한 학교 숙제가 많기로 유명하다. 캐나다 통계청에 따르면 72%의 아이들이 숙제로 인해 스트레스를 받고 있을 정도로 숙제가 많은 편이다. 학기 중에는 시험 외에도 많은 리포트와 프로젝트 준비로 정신없이 지내게 된다.

숙제는 많지만 아이들에게 참고서를 권장하지 않는다. 이러한 배경에는 캐나다의 책값, 특히 교재 가격이 비싼 이유도 있지만 아이들이 참고서를 사용할 경우 스스로 해답을 찾아내려는 노력을 포기하고 정답이 적혀있는 참고서의 답만을 유일하게 생각하는 폐단때문이다.

캐나다의 한 고등학교 사회 과목의 학습 주제는 한국의 환경오염이었다. 이 주제가 무려 한 학기 동안 계속되었다. 단순히 한국의 환경오염의 수치를 배우는 것이 아니라 먼저 한국의 산업이 어떻게 발전했는지 알아보고 그에 따른 환경오염의 변화를 조사함은 물론 한국 정부의 환경정책의 변화, 민간단체의 활동 등을 공부한다. 환경오염이란 주제 아래 한국의 정치, 경제, 사회, 문화 전반을 익히는 것이다.

캐나다의 아이들은 참고서나 인터넷만으로 할 수 있는 숙제가 없다. 도서관, 관련 기관 등을 이용해 자료를 찾고 스스로 탐구해야 한다. 정해진 답을 보고 베끼는 것이 아니라 스스로 답을 만들어 나가야 한다. 이러한 교육을 통해 캐나다의 아이들은 스스로 공부하는 방법을 익히며 독립적인 조사 기술을 발달시켜 미래의 교육과 직업의 기초를 탄탄히 다지게 된다. 참고서를 거의 사용하지 않기 때문에 학교에서 나눠주는 자료들을 꼬박꼬박 챙겨 모아 놓는 것도 캐나다 아이들의 특징이라 하겠다.

캐나다 교육의 또 다른 특징은 읽기와 쓰기를 매우 중요하게 생각한다는 것이다. 읽기를 통해 아이들의 사고의 영역을 높이고 쓰기를 통해 자신의 생각과 느낌을 적당한 언어로 논리있게 표현하도록 교육한다.

책 읽는 습관과 에세이 학습이 그 대표적인 예이다. 글을 잘 쓰려면 책을 많이 읽어 다양한 지식과 경험을 쌓아야 하는 것은 당연하다. 캐나다인들은 읽기와 쓰기 학습이 아이들의 생각을 깊게 하고 올바른 인격체로 성숙시킨다고 믿고 있다.

학교 숙제로 시사 문제도 자주 등장한다. 학생들에게 정치, 사회, 환경, 문화 등 다양한 분야의 시사 문제를 숙제로 내줌으로써 아이들이 사회 전반에 관심을 기울이도록 한다.

운동만큼
즐거운 학습은 없다

'건강과 정신 단련.'

일본인들이 아이들 교육에서 매우 중요하게 생각하고 민감하게 반응하는 부분이다.

지진이나 태풍 등의 자연 재해가 많은 나라인 일본의 환경이 강한 정신력과 체력을 요구했고 교육에까지 영향을 미친 것이라고 볼 수 있다. 또 유아기는 지식을 배우는 단계가 아니라 살아갈 기초를 배우는 시기라는, 그들의 교육 철학과도 관련이 깊다. 그렇기 때문에 어린 자녀의 머릿속에 무언가를 가득 채우기 보다는 오히려 세상을 살아가기 위한 큰 그릇으로 만드는 것이 더 중요하다고 여긴다.

일본인들이 아이들의 건강과 정신력 함양을 위해 하는 일상적인 일들중 하나는 걷기 장려와 반바지 입히기가 대표적이다. 유치원에 아이들을 보낼 때도 대부분의 일본인들은 아이들을 걸어 다니게 한다. 걷기를 통해 아이의 체력을 단련시키는 것은 물론 자립심을 키워주기 위해서다.

또한 일본인들은 아이들을 춥게 키운다. 아이가 감기에 들까봐 두꺼운 옷, 목도리, 장갑 등을 챙겨주는 일은 겨울에도 흔하지 않다. 일본인들은 오히려 아이들의 옷을 얇게 입힌다. 한겨울에도 아이들에게 반바지를 입히는 것이 보통이다. 겨울에 반바지를 입히면 처음에는 아이가 추워할지도 모르지만 시간이 흐를수록 육체가 적응해 감기에도 잘 걸리지 않는다고 생각하는 것이다.

이러한 일본인들의 건강한 아이, 강한 아이 만들기는 교육에서도 계속된다. 부모들이 참가하지 못하게 하는 극기 훈련이 유치원에서 행해지고 건강 진단의 날에는 아이의 종합 건강 진단이 이루어진다.

위생 관념 역시 일본인들의 건강 교육에 빠지지 않는 항목이다. 아이들이 외출에서 돌아오거나 식사 전에는 반드시 손을 씻게 한다. 식사 후에 양치질을 하는 것도 절대 빼놓지 않는다.

어지간히 아프지 않으면 학교에 보내는 것이 당연하다고 생각하는 우리나라 부모들과는 달리 일본인들은 감기만 걸려도 유치원이나 학교에 보내지 않는다. 다른 아이들에게 전염시킬 우려 때문이다.

강한 정신력은 건강에서 시작되고 건강은 운동에서 비롯된다는 생각을 가진 일본인들은 어려서부터 아이들에게 운동을 시킨다. 그렇다고 아이들에게 무조건 운동을 하라고 강요하는 것이 아니라 아이들이 좋아하는 놀이를 운동으로 연결시킨다.

일례로 일본의 거의 모든 유치원과 초등학교에는 수영장 시설이 갖추어져 있다. 비닐 풀장을 만들어 사용하는 유치원도 많다. 이곳에서 아이들은 물장난을 치며 놀거나 친구들과 장난을 치기도 하고 요구르트 병이나 장난감 같은 것들을 가지고 놀기도 한다. 놀이는 교사가 개발하기도 하지만 아이들 스스로 놀이를 만들어 내는 것이 대부분이다. 수영을 할 수 없는 추운 시기가 올 때까지 아이들은 거의 매일 수영장에서 놀이를 하면서 체력을 기른다.

흙을 가지고 노는 일도 일본 아이들이 좋아하는 놀이다. 이를 위해 유치원이나 학교 운동장에는 흙 놀이 장소가 마련되어 있다. 흙 위에서 맨발로 뛰어보기도 하고 친구들과 성을 쌓기도 하고 두더지 굴을 만들기도 하면서 건강과 협동심을 함께 기른다.

그래서 실내에서 노는 일본의 아이들은 찾기 힘들 정도이며 보육원이나 유치원 시설 내부에 학습에 대한 자료는 찾기 어렵다. 우리의 유아기 아이들이 초등학교 준비를 위한 학습과 다양한 활동을 병행한다면, 일본의 유아기 아이들은 놀이를 통한 신체의 발달을 중시한다고 볼 수 있다.

건강은 사람의 가장 커다란 재산이다. 지식을 채우는 것이 아니라, 인생을 살아가는 기초가 되는 체력을 기른 일본의 아이들은 가장 큰 재산을 물려받고 있는 것이다.

'달리기를 잘하는 아이가 머리가 좋다.' 라는 말이 있다. 이 말은 달리기를 잘하는 아이는 공부를 잘하고, 달리기를 못하는 아이는 공부를 못한다는 의미라기보다는 건강한 아이의 머리가 뛰어날 가능성이 높다는 말이다. '건강한 육체에 건강한 정신' 이라는 말이 괜히 생겨난 말이 아닌 것이다. 공부건, 예술이건 그 모든 밑바탕에는 아이들이 제대로 배운 것을 펼쳐나가기 위한 체력이 먼저 준비되어야 할 것이다.

지식보다는 지혜를 가르친다

이스라엘인들에게 '공부를 한다.' '머리를 쓴다.' 는 의미는 머리를 써서 많은 양의 지식을 받아들이고 남들보다 많이 소유하기 위한 것만이 아니다. 그들에게 머리를 쓴다는 것은, 새로이 알게 된 것과 이미 알고 있던 것을 응용해 보거나, 이를 토대로 삼아 새로운 것을 창조해내는 것을 의미이다.

그러나 우리의 '공부' 란 이는 약간 다른 개념이라고 볼 수 있다. 우리나라의 부모들은 공부와 놀이를 별개의 것으로 여긴다. 이러한 실상에 비추어 볼 때, 우리의 자녀에게 있어서 삶과 지식은 분리된 경험일 수밖에 없다.

그러나 이스라엘인들의 지혜와 논리적 사고력은 삶, 그 자체에서 우러나오고 있다. 어릴 때부터 삶 속에서 체득되는 지식과 올바른 습관이야말로 일생을 밝혀주는 등불과도 같은 지혜라 할 수 있다.

이런 점에서 볼 때 이스라엘인들의 우수함 속에는 '지식'을 넘어선 '지혜'가 녹아 있음을 알 수 있다.

이스라엘인들은 지혜를 삶의 가장 기초적인 능력이라고 생각한다. 수많은 지식들을 배우고 이를 사용하기 위해서는 이를 사용할 수 있는 지혜가 있어야 하기 때문이다. 그래서 이스라엘인들은 지식보다 더욱 중요한 것을 현명한 지혜라고 생각한다.

이스라엘인들이 강조하는 이러한 지혜는 학교에서 배울 수 있는 것이 아니다. 이스라엘인들은 자녀가 살아가며 갖추어야 하는 지혜를 배우는 일은 오직 가정에서만 가능하다고 생각한다. 그래서 이스라엘인들은 '학교에서는 지식을 배우고 가정에서는 그 지식을 사용할 수 있는 지혜를 배운다.'고 이야기한다.

우리나라에서는 많이 배운 사람, 즉 지식이 많은 사람을 높이 평가하고 인재라고 여긴다. 그러나 이스라엘인들은 지혜를 잘 쓸 줄 아는 사람, 현명한 사람을 인재라고 말한다. 따라서 이스라엘 인들은 아이들이 무조건 많이 배운다고 해서 현명해질 수는 없다고 판단한다.

이스라엘의 어린이들은 생후 8일 만에 세례를 받는 예식을 통해 유태 민족이 되었음을 확인받는다. 이때부터 아이를 둘러싼 가정과 학교 그리고 지역사회가 모두 한 몸이 되어 교육의 과정에 참여하게 된다.

교육 과정은 보통 의무 유치원 1년과 초등학교 8년, 중등학교 4년을 거쳐 일반대학에 진학하거나 교육대학에 진학하여 교사가 되는 과정이 있다.

이스라엘에서는 초등학교를 졸업할 때쯤이면, 부모와 학생이 진지하게 의논한 후 기술 과정에 진학할 것인지, 대학에 진학할 준비를 할 것인지를 결정한다. 대학 과정을 원할 때에는 우선 군에 입대하여 소정의 복무를 마치고 대학에 진학할 수 있다.

이스라엘의 고등 교육이 우리와 다른 첫 번째는 대학은 모두 국립이라는 점에 있다. 그리고 우리나라에서는 고등교육에 중심을 두어 '대학을 가는 것' 을 목표로 삼고 있지만 이스라엘에서는 '대학을 졸업하는 것' 에 중심을 두고 있다. 이러한 치밀한 교육

제도 하에 이스라엘에서 수많은 천재들이 배출되는 것이다.

더불어 이스라엘인들은 이런 지혜를 가르치는 교육이야말로 교사와 부모, 그리고 사회 모두가 참여해야 가능한 공동 작품임을 너무나 잘 알고 있다. 그렇기 때문에 그들은 이런 입체적인 조화를 완벽하게 실현할 수 있는 교육 환경을 이루어내기 위해 지금도 노력하고 있다.

이스라엘인들이 우수할 수밖에 없는 이유는 스스로 공부를 찾아 하고, 머리를 쓸 수 있는 주변 환경을 부모가 만들어주고, 자녀들을 아주 어릴 때부터 그 환경 속에서 자유롭게 성장하기 때문이다.

또한 이스라엘에서는 학문에 투자하는 시간을 매우 중요하게 여긴다. 그들의 격언 중에는 '기도 시간은 짧게 하고, 학문에는 오랜 시간을 보내라.' 라는 말이 있을 정도이다. 이 말은 이스라엘인들이 학문 즉 배움에 대한 생각을 신을 찬양하는 것과 같이 생각한 데서 연유한 말이다.

세상에서 가장 위대한 것은 신이라고 믿는 그들이 소중한 신에게 기도하는 시간까지도 짧게 하라고 하는 이유는 그만큼 배움이라는 것이 중요하기 때문이다. 그러나 이스라엘인들은 그러한 배움이 무조건적이고 획일적이어서는 안 된다고 생각한다.

생활 어느 곳에나 포함되어 있는 그들의 교육은 곧 대화나 논쟁, 그리고 토론 등을 통해 나타나며 이들에게 이러한 일은 이미 공부가 아니라 생활 자체이다.

- 아이들 스스로 계획하게 하자

"오늘 영어 공부 했니? 엄마가 공부하란 데까지 다 하고 노는 거야?"

아이의 학습 진도나 능력을 고려하지 않고 하루 몇 페이지, 하루 몇 단어의 분량에만 중점을 두고 학습시켜서는 효과를 거두기 어렵다. 부모가 나름대로 공부할 양이나 시간을 정해준다고 해서 아이들이 이를 잘 수행한다는 보장도 없다. 부모가 정해준 시간을 책상 앞에서 보냈다고 아이가 그 시간의 지식을 온전히 습득했다고 보기는 어렵다. 아이의 입장에서는 엄마에게 꾸중 듣기 싫다거나 다음날 있을 시험을 위해 암기할 뿐이다.

교육에 있어서 선행되어야 하는 것은 아이 스스로 공부할 목적을 찾고 학습에 흥미를 갖게 하는 것이다. 이를 위해서는 공부의 양이나 시간에 아이들을 얽매이게 하지 말고 자신의 능력에 맞는 학습 계획을 세우게 하는 것이 좋다.

"네 친구 진석이는 벌써 구구단을 외우던데 넌 아직도 구구단을 외우지 않고 있는 거니?"라는 말보다는 "석희는 다 잘하는데 구구단이 좀 부족한 것 같구나. 구구단은 우리 석희가 앞으로 수학을 공부할 때도 꼭 필요하단다. 그러니까 이번 한 달 동안 구구단을 공부해 보도록 하자. 한 달동안 어떻게 하면 구구단을 잘 외울 수 있을지 석희가 계획을 짜서 한번 보여 주렴."라고 말해 보자. 아마도 부모가 정해주는 학습 방법보다는 효과를 볼 것이다.

- 신문을 활용하자

아이들에게 신문 보는 습관을 들이도록 하자. 이는 정확한 언어 구사와 비판력과 논리력을 키우는데 도움이 된다. 처음에는 짤막한 기사를 아이에게 읽어달라고 청하거나 아이에게 무리가 없는 기사를 찾아 읽어주는 것으로 시작하면 좋다.

"신문에 학생들의 교복 자율화 문제에 대한 기사가 실렸구나. 엄마는 교복이 학생들의 규율을 위해 좋다고 생각하는데 넌 교복 자율화에 대해 어떻게 생각하니?"

"동강 개발을 놓고 환경부와 지역 주민들 간의 갈등이 있구나. 넌 동강이 개발되어야 옳다고 생각하니?"

나아가 신문기사 중에서 아이들에게 맞는 주제를 골라 토론을 시작한다면 교육 효과는 배가 될 것이다. 이때 아이들이 질문을 하면 즉각 대답해주지 말고 관련 자료를 백과사전이나 인터넷 등을 통해 좀더 찾아보도록 하여 아이 스스로 사고할 수 있도록 하자.

'천차만별'이라는 말이 있다. 세상의 모든 것들은 같은 것이 없으며 다 다르다는 뜻이다. 이는 사람도 마찬가지며 우리 자녀들에게도 해당되는 말이다. 공부를 잘하는 아이가 있는가 하면 노래를 잘하는 아이가 있고, 내성적인 아이가 있는가 하면 활동적인 아이가 있다.

문제는 우리 사회가 이러한 아이들의 개성과 장단점을 고려하지 않은 채 공부만 잘하는 아이에 기준을 둔다는 점이다. 이는 부모님의 탓이라기보다는 학력 중심의 사회구조 탓이 크다.

아이들은 각기 다르기 때문에 한 아이에게 교육 효과가 있다고 해서 다른 아이에게도 똑같은 효과가 나타나는 것은 아니다. 그렇기 때문에 똑같은 방법으로 교육할 것이 아니라 아이의 개성을 살려주는 것이 자녀 교육을 성공으로 이끄는 지름길이다.

남과 똑같은 생각과 똑같은 행동을 가지고서는 미래를 이끌어갈 인재를 키워낼 수 없다. 선진국의 교육은 아이들의 개성과 창의력을 적극적으로 살려주는 데 초점이 맞춰진지 오래다.

그들은 학교에서의 교육이 바뀌기만을 바라기보다는 보다 적극적으로 아이들의 교육 방향을 개성 중심으로 나아갈 방법을 모색하고 있다.

03

미래는 개성과 창의력으로 승부한다

DIY 정신을 기른다

'해가 지지 않는 나라'라는 명성은 과거의 영광일 뿐 영국의 도시는 낡고 느리다. 세계 최초의 산업혁명을 일으켰던 나라라고는 하지만 소위 경제를 주도한다는 첨단산업은 영국에서 자취를 감춘 지 오래다.

하지만 그렇다고 영국의 미래가 암담한 것은 아니다. 영국에는 여왕과 귀족이라는 계급이 엄연히 존재하지만 세계에서 민주주의가 가장 발달한 나라로 불리고 있다. 또한 수십 년전의 옷을 아무렇지도 않게 입고 다니는 사람들이 살고 있지만 가장 전위적이라고 평가받는 런던의 패션위크를 가지고 있기 때문에 '유행의 흐름은 파리가 아닌 런던에서 정해진다.'는 소리를 듣는다.

영국은 어느 산업보다 전망이 밝은 창의산업을 이끌어가는 많은 인재들을 끊임없이 배출하고 있다. 고전으로 불리는 셰익스피어나 엘리엇 등은 차치하더라도 비틀즈, 퀸, 라디오헤드, 오페라의 유령과 캣츠 등 세계 4대 뮤지컬의 음악을 작곡한 앤드류 로이드 웨버 그리고 『해리포터』의 작가 조앤 롤링 등을 가지고 있는 영국은 탁월한 현대 문화를 탄생시키는 곳이다. 그리하여 거대 자본력으로 문화산업을 움직이는 미국의 핵심 콘텐츠는 정작 영국의 것인 경우가 많다.

창의적인 인재를 양성하는 영국의 교육은 가정에서부터 이루어진다. 사실 영국은 가정교육을 무척 중요하게 생각하는 나라이다. 영국 사회에서는 수상이 자녀를 학교에 데려다 주기 위해 내각회의에 지각을 한 에피소드가 자연스럽게 용인된다.

영국의 가정교육은 전통을 중요시하는 사회답게 기존의 문화와 예의범절을 철저하게 가르치기로 정평이 나있다. 하지만 영국식 가정교육의 특징을 딱딱하고 보수적인 성격으로만 생각하는 것은 곤란하다.

영국식 가정교육의 특징을 한마디로 정의한다면 'DIY(Do It

Yourself)’ 이다. 즉 자기 스스로 학습 및 해결을 유도하는 교육방법인 것이다.

원래 DIY는 제2차 세계대전을 맞이하여 물자와 인력이 부족해진 영국에서 일어난 운동을 가리키는 용어로 자신의 일은 자신이 알아서 한다는 의미로 탄생하였다. 그리고 최근에는 전문가에게 의하지 않고 나 스스로 인테리어, 패션 등을 만든다는 의미로 사용되기도 한다.

하지만 사실 DIY라는 용어는 제2차 세계대전이라는 특수한 상황에 의하여 단어 자체만 새롭게 만들어진 것이지 그 안에 깃들어 있는 독립적인 정신은 영국에서 오랜 시간 동안 전해지던 가정교육의 주체적인 사상이었다.

영국의 가정에서는 아이들에게 무엇인가를 교육할 때 부모의 개입을 최소화한다. 부모는 아이의 교육환경 정도만을 조성해 줄 뿐 나머지는 아이의 자율적인 의사에 따른다. 만약 아이가 질문을 한다면 부모는 그것을 해결할 수 있는 가능한 모든 자료를 아이가 찾을 수 있게 도와준다. 하지만 아이에게 어떠한 결론도 제시해주지 않으며 많은 시간이 걸리더라도 아이 스스로 학습하도록 한다.

그렇기 때문에 영국의 아이들은 어렸을 때부터 스스로 생각하고 판단하는 능력을 기를 수 있으며 자연스럽게 심화 학습을 경험하게 된다. 최근 한국에서 급격하게 유행하고 있는 자기 주도 학습의 원리를 영국의 가정에서는 일찍이 행해오고 있었던 것이다.

이런 영국식 가정교육 시스템은 독서 활동에서도 쉽게 드러난다. 다른 많은 나라와 마찬가지로 영국 역시 독서를 교육의 기초이자 제일로 여기고 있기 때문에 가정에서도 아이들의 책읽기 교육에 각별한 신경을 쓴다.

우리나라와 같이 영국에서도 오프라인 서점보다 인터넷 서점에서 파는 책의 할인율이 더욱 높지만 오프라인 서점의 판매 실적이 더 우수하다. 경쟁력을 잃은 오프라인 서점들이 속속들이 모습을 감추는 한국 사회와 영국의 모습이 사뭇 대조적인 이유는 영국의 부모들은 아이를 서점에 데리고 가서 직접 책을 고를 수 있도록 해주기 때문이다. 영국에서는 그림책을 읽을 정도의 어린 아이라도 자신이 볼 책은 스스로 선택하는 것을 당연하게 생각한다.

그리하여 대 여섯 살 정도의 영국 아이라면 자신이 좋아하는 작가를 하나쯤은 가지고 있다. 아이의 책장에는 연령별 필독서 대신 아이의 취향에 따른 책이 꽂혀져 있으며 일괄적으로 구입하는 전집류는 찾아보기 어렵다.

그리고 독서에 관심을 느끼지 못하는 아이에게는 독서의 필요성을 부모가 억지로 강조하기 보다는 아이가 재미를 느끼는 것과 독서 활동을 연관시켜 아이 스스로 주도적인 자세를 갖게끔 만든다.

영국의 가정교육에서 부모는 아이의 훌륭한 지도자이기 보다는 충실한 조언자이다. 아이의 의사를 최대한 존중해주기 때문에 아이는 어렸을 때부터 자신만의 가치관을 키워나갈 수 있다. 아이들은 소모적인 경쟁보다는 자신의 특성을 찾는 데 주력할 수 있다. 또한 아이 스스로 답을 찾아가도록 만드는 교육은 어른들이 설정해 놓은 획일적인 시스템에서는 나오기 힘든 창의력의 토대를 마련해 준다.

모든 아이는 천재성을
가지고 태어난다

칼 야스퍼스는 독일의 세계적 철학자로 하이데거와 함께 현대 실존철학을 대표하는 인물로 꼽힌다. 어린 시절 칼 야스퍼스는 상급반 진학이 겨우 가능할 정도로 학업 실력이 뛰어나질 못했다. 학교 수업에서 뛰어나지 못한 데다가 몸까지 약했던 그는 학교 가는 것이 싫었다. 어느 날 아버지는 야스퍼스를 불러 말했다.

"학교에 가기 싫으면 가지 않아도 된다."

법학을 전공했던 아버지는 자녀를 사회적인 보편화된 가치관이나 규격화된 틀로 평가하려고 하지 않았다. 그는 야스퍼스가 학교 성적이 뛰어나지 못하고 심신이 심약했지만 언젠가는 자신 속에 내재된 천재성을 발견할 수 있으리라 믿었다. 야스퍼스가 대학에 입학해서도 강의에 빠지는 날이 많았지만 그렇게 염려하지 않았다. 이러한 부모의 교육 방침은 야스퍼스가 위대한 철학자로 성장시키는 주요한 동기가 되었다.

'내 자녀가 무엇을 가지고 태어났는지를 정확히 아는 것이 중요하다.'

'천재성은 누구나 가지고 태어난다. 교육의 참다운 목적은 이 천재성을 발견하고 개발하는 것이다.'

이것이 바로 독일의 교육 철학이다.

자녀의 IQ와 EQ의 높고 낮음이 아니라 관심 분야와 잠재력을 발견하는 것을 중시한다. 특히 독일인들은 어린 아이들의 영재성에 관심이 높다. 영재 발굴과 계발을 중시하는 것은 아이는 저마다의 재능을 가지고 태어난 천재이며 그 재능을 발견하는 데 동기부여 하는 것을 중시하기 때문이다.

이것은 비단 영재에만 해당하는 것이 아니라 모든 아이들이 그 대상이 된다. 그래서 일반 학교에서도 영재 프로그램이 시행되며 어린 시절부터 어린이가 가진 천재성 발굴에 주력한다. 이러한 교육은 소수의 특정 어린이만을 주목하는 것이 아니라, 모든 아이들이 천재라는 교육 철학에 기인한다.

그렇다면 아이들은 어느 정도의 이해력을 가지고 있으며, 어느 정도 어려운 가르침을 이해하는 것일까? 그 대답을 가진 어린이 대학을 소개한다.

독일 남부에 위치한 튀빙엔 대학은 10살 가량의 어린이들을 대상으로 강의를 열고 있다. 이른바 어린이 대학이다.

500여 명의 아이들이 북적이는 강의실은 그야말로 소음의 한 가운데라고 할 수 있다. '슈베비셰 신문'과 '튀빙엔 대학'이 공동으로 개최해 방학기간 동안 매주 열고 있는 어린이 대학에는 보통 500~900여 명의 어린이들이 몰려들고 있다. 대학은 강의를 듣는 어린이들을 위해 어린이 대학 학생증까지 마련하고 학생 식당을 이용하도록 했다. 어린이들이 대학생 같은 대우를 받는 것이다.

강의 역시 실제 튀빙엔 대학의 교수들이다. 교수들은 어린이들이 관심있어 하거나 궁금해 하는 주제를 가지고 강의를 한다. 그러나 강의 내용이 흥미 위주라거나 가볍다고 생각하면 오산이다.

"원래 대학생들에게 하던 강의에도 지금 어린이들에게 보여준 그림을 가지고 강의를 합니다. 다른 게 있다면 단지 강의에 조금 다른 단어들을 사용한다는 차이지요."

강의에 참여한 광물학 교수의 말이다.

'인간은 왜 죽어야 하는가.' 라는 주제의 강의를 준비한 병리학 교수도 있다. 이 주제를 강의하기 위해 그는 평소 때보다 더 많은 시간을 준비했다. 그러나 아이들에겐 재미있는 시간들이었다. 해 골을 보기도 했으며 현미경으로 세포를 관찰할 수 있었기 때문이 다. 이 밖에도 부자와 가난한 사람이 있는 이유, 전쟁이 일어나는 이유 등에 대한 강의가 진행되고 아이들은 때로는 흥분하고 때로 는 지루해하며 강의를 듣는다.

그러나 분명한 것은 아이들이 처음의 우려와는 달리 대학 강의 에 매우 강한 흥미를 느끼고 있다는 것이다. 강의 내용을 모두 이 해하는 것은 아니지만 강의를 들으며 자신의 미래를 상상하고 좀 더 많은 분야에 흥미를 가지게 된다. 교수들에게도 어린이 대학 은 좋은 경험이다. 체계적인 지식이 없는 대상에게 강의 내용을 전달하기 위해서는 새로운 도전과 새로운 강의법에 도움이 되기 때문이다.

아이들에게 필요한 것은 지식을 배울 시기가 아니라 지식을 전달하는 방법이다. 또한 아이들에게 미래를 설계할 기회를 제공한다는 데 어린이 대학의 의미가 있다.

이처럼 독일에서는 어린이의 지식에 대해, 제한이 없다. 그것은 독일인들의 '모든 아이들은 천재성을 가지고 태어난다.'는 교육 철학에 기인한다. 이러한 독일의 교육 철학을 담은 대표적 학교가 발도르프이다.

발도르포 학교의 특징은 성적 위주의 교육을 탈피한다는데 있다. 아이들의 개성과 창의력을 존중하고 학생 개개인의 인격 함양과 인성 교육에 비중을 둔다.

1919년 제1차 세계대전의 폐허 위에 루돌프 슈타이너는 슈투트가르트의 여러 공장 노동자들에게 강연을 하게 되었다. 그 가운데에는 발도르프 아스토리아 담배 공장의 노동자들도 포함되어 있었는데 강연을 들은 사람들은 슈타이너의 지혜와 따뜻함에 감명을 받았다.

노동자들은 자신의 아이들을 위하여 슈타이너에게 학교를 세워달라고 하였고 당시 사장으로 있던 에밀 몰트의 지원으로 그해 가을 처음으로 발도르프 학교가 세워졌다.

그 이후로 발도르프 학교는 꾸준히 확산돼 지금까지 전 세계

840여 곳이 설립되었다. 아시아에는 일본과 인도, 필리핀에도 설립되었으며 발도르프 학교는 인종이나 문화에 상관없이 계속해서 생겨나고 있다.

독일의 발도르프 학교는 국가의 간섭을 받지 않고 교사와 학생, 학부모의 참여에 의해 자율적으로 운영되며 사회의 다른 영역, 이를테면 법적 제도나 경제 단체들로부터 독립적인 교육기관이라 할 수 있다.

일반 학교와 발도르프 학교가 다른 점은 슈타이너의 교육 철학에 근거하여 운영하고 있다는 것이다.

슈타이너는 인간을 육체와 영혼과 정신을 가진 존재로 보고 인간이 성장, 발달하는 과정과 단계마다 인간의 본질적 삶에 가깝고, 본성을 개발하는 데 도움이 되는 교육을 해야 한다고 생각했다. 발도르프 교육은 바로 이러한 그의 사상에 뿌리를 두고 있으며 발도르프 학교는 이를 실현하는 곳이다.

'작은 학교'를 원칙으로 하는 발도르프 학교는 우선 입학생 수를 제한하여 교사들이 학생 개개인에게 관심을 기울일 수 있도록 하고 있다. 또한 초·중·고의 구별이 없는 종합학교의 성격을 가지고 있으며 남녀 합반이 원칙이다.

이 가운데 초등학교 과정은 8년으로 8년 동안 학생들과 담임교사가 변하지 않는 8년 담임제다. 이는 아이들과 담임교사 간의 유대를 돈독하게 해줄 뿐만 아니라 학생 개개인의 특성을 담임교사가 정확하게 판단해 지도할 수 있도록 한다.

발도르프 학교의 특이한 점은 철저히 교사의 책임과 신뢰 아래 이루어지는 수업을 들 수 있다. 교과서는 존재하지 않는다. 통상적인 평점 제도나 낙제도 없다. 성적표에는 각 과목마다 학생의 특징, 능력, 발전, 소질과 노력이 가능한 한 상세하게 서술되어 있을 뿐이다. 아이들이 각기 가진 재능을 점수로 환산해 비교하여 발전 가능성을 저해할 필요성이 없다는 판단에서다.

아이들의 지력, 지성을 높일 수 있는데 중점을 두고 있는 발로르프의 교육은 빈칸에 정답을 써넣도록 하거나, 색칠 공부를 위해 모두 똑같은 그림에 색칠하라고 가르치지 않는다. 이러한 방법은 아이들이 마음껏 상상할 수 있는 통로를 차단하기 때문이다.

발도르프 학교에서는 "10÷5는 몇이니?"라고 질문하지 않는다. "빵 열 개가 있어요. 동생하고 똑같이 반으로 나눠서 먹으려고 하는데 몇 개씩 나누면 될까요?"라고 물어본다. 이야기와 숫자, 춤과 숫자, 노래와 숫자가 병행되는 것이 발도르프의 교육 방법이다.

발도르프 학교에는 완성된 놀잇감이나 장난감도 없다. 완성된 제품은 아이들이 상상력을 발휘하거나 활용하는 데 한계가 있으며 금방 싫증이 나도록 하기 때문이다. 대신 발도르프에는 천, 헝겊 인형, 나무, 돌 등이 있다. 아이들의 상상력을 발휘하게만 하면 보잘 것 없는 나무 하나로도 놀이는 무궁무진하게 펼쳐지고 이렇게 아이들이 놀이에 빠질 때 내면적인 성장이 함께 이루어진다는 것이 발도르프의 믿음이다.

발도르프 학교가 또 하나 중요하게 생각하는 것이 따뜻한 교실 환경이다. 모든 아이들이 교사로부터 관심을 받고 있다고 느끼며, 자연스러운 교육 환경을 만들어 아이들 본연의 정신 세계가 발휘될 수 있도록 하고 있다.

발도로프 교육의 핵심은 한 마디로 아이들의 머릿속에 무엇인가를 담아야 한다는 생각이 아니라 아이들의 머릿속에 있는 것을 끄집어내는 것이 진정한 교육이며, 학습이라고 충고하고 있다.

남과 다른 아이로 키워라

〈소송〉, 〈성〉, 〈심판〉 등 유명한 문학 작품을 발표한 프란츠 카프카는 유태인이다.

그의 아버지는 부유한 상인으로 생활력이 강하고 부지런하였으며 어머니는 자상하고 슬기로운 여성이었다.

카프카는 어린 시절 겁이 많고 고집 센 아이였다. 그리고 학업 성적도 그다지 뛰어나질 않았다. 그렇지만 카프카의 아버지는 하나밖에 없는 아들인 카프카에 대한 기대가 남달랐다. 그래서 아버지는 아들이 아무 이익도 없고 건강을 해칠지도 모르는 글쓰기에 몰두하는 것에 대하여 반대하였다.

하지만 그의 어머니는 그럴 때마다 아들을 감싸고 아들의 편이 되어 격려해 주었다.

"카프카, 네가 하고 싶은 것을 하렴."

이러한 어머니의 한 마디는 어린 카프카에게 많은 용기가 되었다. 카프카의 어머니의 격려가 없었다면 오늘날 그의 뛰어난 문학 작품을 접하지 못했을 지도 모른다.

이는 유태인 자녀 교육의 한 단면을 들여다보게 한다. 아이들의 개성을 존중하되 남과 비교하거나 부모의 욕심대로 강요하지 말라는 것이다.

"옆집 성국이는 공부도 잘하고 운동도 잘하는데 너는 누굴 닮아서 그 모양이니."

"형 하는 것 좀 보고 배워라. 같은 형젠데 넌 왜 그렇게 말썽만 피우니."

이러한 말들은 아이들을 주눅 들게 하거나 반항심을 부추기게 된다. 또한 아이들 스스로 자신이 남보다 못하다는 인식을 갖게 해 발전 가능성을 차단시켜 버린다.

유태인의 나라, 이스라엘에서는 자녀들에게 이렇게 말한다.

"너는 세상에 단 하나뿐인 존재란다. 너는 다른 사람과 다른 재능과 가능성을 가지고 태어난 거야. 따라서 남과 너를 비교할 필요가 없단다. 남의 행동을 따라할 필요도 없어. 넌 남과 다른 생각을 가지고 다르게 행동하는 게 당연하고 또 그렇게 돼야만 한단다."

이스라엘의 자녀 교육은 아이의 다양성과 개성에 초점이 맞춰져 있어 '남보다 뛰어난' 아이가 아니라 '남과 다른 아이'를 강조한다. 남보다 뛰어난 아이가 아니라 남과 다른 아이를 가르치는 이스라엘 부모들은 자녀 스스로 취미와 원하는 공부, 하고 싶은 일, 그리고 자신만의 개성과 인격을 만들어 가려는 시도들을 대견하게 여기며 자랑스러워한다.

또한 아이들의 그러한 시도와 노력을 뒷받침해 주기 위해 이스라엘 부모들은, 아이가 어릴 때부터 관심과 주의를 기울이며 오랜 세월을 두고 관찰한다. 그럼으로써 아이의 성격이나 취미, 관심, 꿈과 개성 등이 다른 아이들의 그것과 어떻게 다른지를 알아내고, 그것을 더욱 개발할 수 있도록 북돋워주어야 한다고 믿는다.

부모가 자녀에게 '남보다 뛰어나야 해!' 라고 말하는 것과 '남과 달라야 해!' 라고 말하는 것 사이에는 교육적 가치관의 차이가 존재한다.

'남보다 뛰어나야 한다.' 는 말 속에는 수직적 인간관계의 가치관이 숨어 있다. 이러한 교육을 강조하는 부모들은 자녀를 다른 아이들과 비교하면서, 남보다 앞장서야 한다고 강요한다. 또한 성공은 경쟁자를 이겨야만 가능한 것이기 때문에, 다른 사람의 인격 존중은 물론이고 아이 자신의 인격에 대한 존중 역시 올바르게 형성하기 어렵다.

이와 달리 '남과 달라야 한다.' 는 말 속에는 수평적 인간관계와 다양성을 중시하는 가치관이 배어 있다. 그리고 세상을 살아가는 데에 있어서 경쟁보다는 각자가 가지고 있는 다양한 능력을 조화시켜 서로가 협력하는 것을 가르치는 교육적 특성이 잘 나타나 있다.

자녀를 다르게 키우려고 하는 부모가 생각하는 성공적인 삶이란, 다른 사람들과의 조화와 협력을 통해 이 세상을 조금씩 살기 좋게 변화시키는 것이다. 따라서 이러한 부모들은 다른 사람들의 인격에 대한 존중을 가장 우선적으로 자녀들에게 가르치게 된다.

또한 다른 사람에 대한 존중과 자기 자신에 대한 존중은 동전의 양면 같은 것이기 때문에, 교육을 통해 아이들은 자신을 존중하고 사랑하는 올바른 자아관을 지니게 된다. 그리고 이러한 교육적 가치관 속에는 부모의 가치가 자녀의 인생에 끼어들 수 있는 틈이 적다.

따라서 남과 다르게 자라는 자녀를 원하는 이스라엘인들은 옆집 아이가 영어를 잘하니까 자신의 아이도 영어학원으로 덩달아 밀어 넣어야 한다는 생각을 갖는 일이 없다. 자녀가 영어에 재능과 관심을 보인다면 누구보다 적극적으로 영어를 가르칠 뿐이다. 마찬가지로 아이가 운동에 관심을 가지고 있는데도 운동이 힘들다고 해서 못 하게 하는 경우도 없다.

그런가 하면 이스라엘 부모들은 다른 아이들보다 특이한 행동이나 모습을 하고 다닌다고 해서 자녀를 나무라는 일이 거의 없다. 이 또한 '남과 다르게'를 강조하는 교육적 가치관에 바탕을 두고 있기 때문이다.

그렇다고 해서 공중도덕을 무시하거나 버릇없는 언행을 보이는 자녀에 대해서도 이스라엘 부모들이 관대한 것은 아니다. 이스라엘인들은 자녀가 자칫 망각할지도 모르는 개성과 방종의 명확한 경계를 구분할 수 있도록 가르치는 데에도 상당한 주의를 기울인다.

이처럼 이스라엘인들이 자녀에게 강조하는 '남과 달라야 한다.'는 가르침은 개성을 무엇보다 중시하고 우선하는 교육 철학이다. 그리고 이러한 교육이 추구하는 사회의 모습은, 획일적 가치관에 의해 한정된 동일한 목표를 놓고 서로 경쟁하느라 소수만이 성공하고 행복을 누리는 세상이 아니다. 개성과 능력이 각각 다른 사람들이 모여서 조화를 이루고, 보다 많은 사람들이 함께 잘 살 수 있는 세상이다. 그리고 이것은 이스라엘인들의 세계관이기도 하다.

이스라엘 부모들은 "열심히 공부해서 네가 훌륭한 사람이 되어라."라고 말하지 않고 "열심히 노력해서 네가 원하는 사람이 되어라." 라고 격려한다. 자녀가 선택한 분야라면 그것이 어떠한 분야이든지 인정받고 최선을 다하는 사람이 되는 것이 중요하다고 생각한다.

이와 같이 유연성 있는 교육관은 아이들로 하여금 호기심을 억누르지 않고 재능을 발휘할 수 있도록 지원해주고 격려해 주는 역할을 한다.

그래서 "무엇이든 네가 하고 싶은 것을 열심히 해야 한다."라는 격려를 받고 자란 이스라엘 아이들은 사회와 민족, 국가, 나아가 세계를 위해 자신이 가진 재능을 펼치려고 하며, 그것이 조금이라도 이 세계를 발전시키고 세상 사람들을 행복하게 할 수 있는 것이기를 원한다.

이러한 부모들의 교육으로 이스라엘 아이들은 어려서부터 주체성이 강하다. 공부할 때도 부모가 시켜서 하기 보다는 스스로 한다. 또한 자신의 가능성을 믿기에 미래를 설계하고 이를 위한 노력에도 적극적이다.

아이들 각자의 개성을 존중하고 스스로 나아갈 길을 개척할 수 있도록 하는 것, 이스라엘인들이 남과 다름을 아이들에게 강조하는 이유이다.

네 생각은 어떠니?

오늘날 미국은 거의 모든 분야에서 세계를 지배하고 있는 초강대국이다. 불과 200년이라는 짧은 역사를 가진 미국이 세계의 중심에 우뚝 설 수 있었던 국가 경쟁력은 무엇일까?

그것은 바로 교육이다. 교육은 짧은 시간 동안 미국을 눈부시게 성장시켰다. 한 나라가 변하려면 교육이 변해야 된다는 말이 있다. 그만큼 교육의 힘은 놀랍다. 과거 못 배운 우리 부모들이 입이 닿도록 배워야 된다고 했던 이유도 이 때문이다.

우리나라 부모들이 오해하고 있는 것 중의 하나가 미국 아이들은 대학 입시 제도로부터 자유로울 것이라는 생각이다. 우리나라 가정처럼 모든 가족이 희생을 하는 경우는 아니지만 미국 사회에서도 엄연히 학군은 존재하며, 자녀를 좋은 학군에 입학시키기 위해 열성적이다.

하버드, 프린스턴, 예일 등 소위 아이비리그대학에 입학하기 위해 학생들과 학부모들은 열병을 앓을 정도이며, 좋은 학군을 위해 이사 가는 것도 마다하지 않는다.

그런데 왜 우리는 미국의 아이들은 명문대학 진학이나 입시 열병을 앓지 않으며 자유롭게 키워지고 있다고 생각하는 것일까? 그것은 바로 자녀의 개성과 창의력을 중시하는 가정교육의 힘이 크다. 미국의 부모들은 부모라는 이유로 자신의 생각을 자녀에게 강요하지 않으며, 학습적인 측면뿐만 아니라 생각하는 힘, 리더십, 조화로움, 운동 실력 등 다양한 방면의 소질을 키우는 데 관심을 기울인다.

미국의 부모들은 아이를 하나의 인격체로 존중해 주며 이를 바탕으로 개개인의 능력과 개성을 발휘하는 것을 목표로 한다.

미국의 아이들이 부모로부터 많이 듣는 말 중에 하나는 "네 생각은 어떠니?"라는 물음이다.

"주말에 애틀란타에 있는 삼촌댁에 가려고 하는데 네 생각은 어떠니?"

"전 주말에 친구들이랑 야구시합이 있어요."

"삼촌이 널 많이 보고 싶어 하셔. 네가 오지 않으면 무척 서운하게 생각하실 거야."

"그렇지만 친구들이랑 한 약속인데요."

"친구들한테 양해를 구해보렴. 이해해 줄 거야."

"그럼, 친구에게 먼저 물어볼게요."

"오늘 저녁까지는 대답해줘야 한다."

보통 부모들 같으면 '삼촌네 가자.' 또는 '가야지, 어딜 안 가?'라고 명령이나 강요가 섞인 대화가 오고 갈 것이다. 초등학생인 아이에게 굳이 설명이나 동의를 구할 필요가 없다고 생각하기 때문이다. 그러나 아이들에게도 좋고 싫음은 분명히 있다.

미국의 부모들은 어른들과 마찬가지로 자녀도 하나의 인격체처럼 대하여 준다. 때문에 아무리 어리더라도 어디를 가는지, 왜 가야하는지 정도는 아이의 의사를 물어보고 존중한다. 자신의 의사를 존중받고 자란 아이는 어른이 되었을 때 분명하게 자신의

입장을 밝힐 수 있으며, 다른 사람의 생각도 존중해 주는 사람이
된다.

이처럼 미국의 부모들은 실생활에 필요한 모든 것에 대하여 아
이의 의견을 물어보고 아이가 직접 결정하도록 한다. 이러한 미
국을 가리켜 흔히 'Do it for yourself'의 나라라고 한다.

존 F. 캐네디 대통령의 어머니 로즈 여사는 식사 시간에 자녀
들의 의사를 묻고 대화하는 교육을 통해 자녀들의 의견을 존중하
며 받아들이는 민주주의 교육을 실천한 것으로 유명하다. 이러한
자녀들의 의사를 묻는 교육을 통해 자녀 개개인의 존엄성을 존중
하였던 것이다.

어떤 사람들은 자유를 주면 방종(放縱)한다. 그러나 그것은 진
정 자유를 누려보지 못했기 때문이다. 제대로 자유를 누려보지
못한 아이들에게 어느 날 갑자기 다가온 자유라는 특권은 결국
방종(放縱)이 되어 버리고 마는 것이다.

미국의 부모들은 아이들에게 자유를 주는 대신 책임이 뒤따른
다는 사실 역시 철저하게 교육시키기 때문에 미국의 아이들은 스
스로 선택하고 그 책임도 질 줄 아는 사람으로 자라난다.

미국의 아이들은 어려서부터 자유와 책임에 대한 교육을 받고

생활하기 때문에 대학도 스스로 선택한다. 스스로 공부하고 싶어 대학에 들어갔으므로 대학은 놀기 위해서가 가는 곳이 아니라 학문을 깊이 연구하기 위한 곳으로 인식되고 있다. 그 아이들에게 대학은 '네 생각은 어떠니?' 라는 물음에 대하여 더 깊이 고민하고 탐구하는 곳이다.

이처럼 어려서부터 자신의 의사를 존중받고 자라나는 미국의 아이들은 자신이 존중받은 만큼 타인을 존중하는 것을 당연하게 생각한다. '네 생각은 어떠니?' 라는 부모의 질문 속에서 자녀의 자유와 의사를 존중하는 사람으로 자라는 것이다.

아이의 인격과 의사를 존중하는 교육을 해야 되는 중요한 이유가 여기에 있다. 스스로 존중받고 자유롭게 자란 아이들이 타인의 자유와 인격을 존중하게 되고 이러한 아이들이 자라날 때 우리네 삶 또한 행복해지기 때문이다.

자율적으로 선택하고 고민할 수 있는 여건을 만들어 주는 것, 지금 우리 아이들에게 절실히 필요한 교육이다. 이것이 미국을 초강대국으로 성장시키는 것은 교육이었고, 그 교육의 핵심은 '네 생각은 어떠니?' 라는 자유와 존중에 있었음을 기억하자.

미술로 배우는 교육

프랑스는 세계가 인정하는 문화와 예술의 나라다. 이는 프랑스의 잘 보존된 문화유산의 혜택도 있지만 그보다는 프랑스 국민 전체가 가지고 있는 예술에 대한 자부심과 긍지 때문이다.

프랑스인들 중에 문화와 예술에 무관심한 사람을 찾기란 힘들다. 이러한 국민성은 세계적으로 유명한 작품이나 문화유산에 국한된 것이 아니라 프랑스인들의 생활 전체에 깊숙이 자리잡고 있다.

프랑스인들은 눈에 보이는 모든 것, 생활하는 모든 것들이 아름답고 창의적이어야만 한다고 생각한다. 매일 먹는 음식에서부터 공공기관의 건물 하나하나 까지 예술적이지 않으면 안 된다고 생각하는 사람들이 프랑스인들이다.

예술적이란 것은 곧 창의적이라는 말과 같다. 프랑스인들이 집안의 장식품들을 손수 만들어 장식하는 것이나, 아이들이 먹을 비스킷이나 케이크를 직접 굽는 것도, 창의성과 예술성을 삶의 중요한 본질로 생각하는 것도 이러한 국민성에서 비롯된 것이다.

이처럼 프랑스인들 생활 그 자체라고도 할 수 있는 창의력과 예술성이 가장 잘 나타난 것이 바로 교육 분야이다.

프랑스의 유치원의 경우 미술과 연관이 되지 않은 수업은 찾아보기가 힘들다. 그림을 그리는 기본적인 미술 수업을 비롯하여 글자를 익힐 때도 그림 그리기나 만들기 등을 통해 익히도록 하고 있다. 유치원에서는 미술과 연관된 수업이 전체 수업의 80%를 차지할 정도이다.

그들의 미술 수업은 우리가 생각하는 것 이상으로 매우 단순하다. 그리고 잘 그린 그림을 선정하거나, 찾으려고 노력하지 않는다.

"애들아 여기 오렌지와 귤이 있단다. 이 색의 차이를 한번 보겠니?"

"이 토마토를 잘 보렴. 빛이 닿은 쪽과 안 닿은 쪽의 색은 어떠니?"

이처럼 어려서부터 색의 차이를 알게 하고, 감각을 익히게 하여 미술적 안목을 배양시키는 것도 프랑스 미술 교육의 특징이다.

그러나 프랑스의 미술 교육의 목적이 똑같이 만들거나 뛰어나게 그리는 것에 있지 않다. 그들은 아이들 각자의 개성을 가진 그림을 그리도록 교육한다.

아이들에게 막연하게 나무를 그리라든가 집을 그리게 하는 것이 아니라 '우리 집 앞에 있는 나무' '내가 살고 싶은 집' 등을 자신의 생각과 상상력으로 그리게 함으로써 개성과 창의력을 살리고 있다. 또한 테크닉적인 측면보다는 창의성과 상상력, 미적 감각을 키우는 데 초점을 둔다.

그 예로 프랑스에서는 중학교 과정까지 석고 데생을 시키지 않는다. 하나의 모델을 놓고 그대로 그리는 것에 중점을 둔 석고 데생은 사물을 보는 관점이나 생각을 획일화할 뿐만 아니라 단순히 모방에 두고 판단하게 되는 우를 범하기 때문이다.

방송인으로 활동중인 프랑스인 이다도시는 한 인터뷰에서 "한국에서 입시를 위한 미술학원이 많다는 것에 깜짝 놀랐다. 프랑스에서는 미술은 아이들의 창의력을 돕는 기초 교육이지 테크닉을 가르치지 않는다."라고 말한 바 있다.

그녀의 말처럼 프랑스에서는 미술학원을 찾아보기 어렵다. 미술 학교라는 것이 있지만, 우리나라처럼 그림을 그리기나 이론을 가르치는 것이 아니라 전시회 관람이나 문화 유적지 방문 등의 프로그램을 위주로 한다.

이러한 프랑스의 미술 교육은 아이들이 유치원에서 초등학교로 넘어가게 되면 다른 과목과 결합한 형태로 나타난다.

예를 들어 글자를 배우기 위해, 선생님이 칠판에 글씨를 쓰며 배우는 것이 아니라 미술 시간에 찰흙을 가지고, 글자 하나하나를 만들어가며 글자를 배워간다. 또는 시를 가르치고 그 시에서 느껴지는 바나 상상되는 것을 그림으로 표현하도록 하거나 노래나 책 속에 나오는 장면들을 그림으로 표현하게 하여 창의력을 키워준다. 때로는 수학의 도형과 면적을 배우기 위해, 원이나 네모 안에 색칠하기 등을 배우기도 한다.

이처럼 어려서부터 미술 교육을 통해 길러진 예술성과 창의성은 오늘날의 프랑스를 문화 대국, 예술의 고향으로 만든 원동력이다.

몰개성은 가라

'일본' 하면 생각나는 것이 친절과 예의 바름이다. 그만큼 일본인들의 친절과 예의, 질서 의식은 세계적으로 정평이 나있다. 이는 그들의 자녀 교육에서도 드러난다. 어른들이 아이들에게 중점적으로 가르치는 것은 타인에게 피해를 주지 않는 법, 공공장소에서의 질서, 인사법 등이다.

이것이 발전해 일본의 평등주의와 집단주의를 낳았다고 해도 과언이 아니다. 일본의 교육은 뛰어난 몇몇 아이들을 부각시키지 않는다. 그들에게 있어 똑똑한 아이란 어른들의 말씀을 따르고 협동심이 강하며 타인에게 피해를 주지 않는 아이를 뜻한다.

협동심을 지나치게 강조하다보니 단체 활동이 장려되었고 이 것이 집단주의 성향을 띄게 되었다. 지나치게 발달한 집단주의 성향은 아이들의 개성과 창의력을 키워주지 못하는 문제점을 안 고 있다. 조금이라도 튀는 아이는 협동심이 없는 아이, 남에게 피 해를 주는 아이로 낙인 찍혀 버리기 때문이다.

그러나 지금 일본은 변하고 있다. 창의력이 중요시되는 사회가 도래하자 그들의 학습 방법에도 변화의 바람이 불기 시작한 것이 다. 그래서 최근 다각적인 변화를 시도하고 있는데 개인의 능력 을 배제한 과거의 주입식 학습 방법을 탈피하고 창의적인 학습으 로의 변화를 모색하고 있다.

일본의 도쿄 시내에 위치하고 있는 다이토 구립 초등학교에서 그 새로운 시도를 엿보자.

미술 수업이 진행되고 있는 다이토 구립 초등학교의 1학년 교 실은 한쪽 벽면이 모두 트여있어 아이들이 보다 넓은 곳에서 자 유롭게 수업할 수 있는 분위기를 만들어주고 있다. 어떤 아이들 은 흙으로 인형을 만들고, 어떤 아이들은 서너 명의 그룹을 형성 해 성을 만들고 있다. 부모님께 갖다 주겠다며 예쁜 꽃병을 만드 는 아이, 책상에 올려놓을 연필꽂이를 만드는 아이, 자신이 좋아하는 만화 캐릭터를 만드는 아이 등 만들고 있는 것들도 각양각색이며 작품을 만드는 인원도 제각각이다.

예전 같으면 하나의 주제가 정해져 있었겠지만 지금은 찰흙이라는 재료만 주어지고, 나머지는 아이가 만들고 싶은 대로 만들게 하고 있다. 주제를 정해 아이들의 상상력과 창의력, 개성을 제한시키지 않기 위해 이렇게 만들어라, 저렇게 만들어라 하는 교사의 주문도 없다. 형식이나 틀을 강요하지 않고 모르는 것은 선생님께 질문하고 친구들과 상의하면서 아이들 스스로 만들어가는 법을 터득해 나가도록 하고 있다.

수학 수업에도 이는 적용된다. 교사는 아이들이 문제를 풀 수 있느냐, 없느냐에 중점을 두고 감독, 평가하는 것이 아니라 아이들이 수학 시간을 즐거워하는데 중점을 두고 놀이를 통한 수업을 행하고 있다. 이러한 방법은 학습 진도는 느릴지 모르지만 아이들에게 내일이면 잊어버리는 교육이 아니라 그 날 배운 것은 그 날 익히게 하는 효과를 거두고 있다.

이처럼 일본의 교육은 지금 새로운 시도를 통해 창의적인 학습을 위한 다양한 방법을 모색하고 있다.

- 아이들의 의사 존중하기

아이의 의사를 존중하는 것과 뭐든지 아이 뜻대로 해주는 것은 분명히 다르다. 아이의 의사를 존중해야 할 때도 있지만, 아이들에게 부모의 요구나 제한을 해야 할 때가 있다. 그럴 때 '이거 해라.' '저거 해라.' 라고 강요하지 않으면서 요구나 제한을 하는 방법은 없을까.

먼저 자녀의 상황이나 형편을 고려한다. 무조건 '안 돼.' 라고 하거나 '하지 말랬잖아.' 라고 명령하기 보다 '왜냐하면 ~하기 때문이란다.' 던지 '~하는 게 어떻겠니?' 등등으로 말하면 아이는 자신이 존중받고 있다는 생각이 들어 부모의 말을 거부하거나 부정하지 않는다.

또한 부모의 말에 일관성이 있어야 한다. 예를 들어 평소에는 밥 먹을 때 돌아다녀도 아무 말도 하지 않다가 손님이 방문했을 때는 "왜 그렇게 밥을 돌아다니며 먹니?"라고 꾸짖으면 아이는 무엇이 맞는 것인지 혼란스러워진다. 자녀에게 어떠한 제안을 하거나 의사를 타진할 때는 말과 행동이 일관되도록 하자.

- 이야기와 미술을 연결하자

"진희야 우리 오늘은 동화책을 다 읽은 기념으로 앞으로 신데렐라가 왕자님과 살게 될 성을 한번 그려볼까? 진희 생각엔 어떤 성에서 살게 될 것 같아?"

책을 다 읽고 난 뒤 그림 그리기를 통해 아이들의 상상력을 키우는 방법이나 "진희야 내일 놀이동산에 가면 어떤 동물들을 구경하게 되고 어떤 놀이기구를 타게 될까? 그림으로 그려 볼래?"라고 아이들의 흥밋거리를 통해 상상력을 키우게 하는 방법은 재미와 창의력을 동시에 만족시키는 방법이다.

반대로 아이들이 그린 그림을 보면서 이야기를 만들어 나가는 방법도 있다.

"진희가 그린 그림 속의 아이는 풍선을 들고 있네. 저 풍선이 어디서 생겼을까? 친구 생일에 가서 받은 걸까? 아니면 엄마가 사준 걸까? 진희야 넌 알고 있지? 엄마에게 이야기 해줄래?"

이러한 방식을 통해 아이는 점차 이야기를 만들어 나가는데 재미를 붙이게 되고 그림을 그릴 때에도 단순히 보이는 사물을 그리는 것이 아니라 생각하는 그림을 그리게 될 것이다.

어린 나이에 경제를 알게 되면 세상 물정에 너무 빨리 물드는 것이 아니냐고 말할 수도 있다. 그러나 경제 교육은 단지 돈을 잘 버는 방법을 가르쳐 준다기 보다는 돈을 잘 쓰고 절약하는 법, 경제의 흐름을 이해하고 경제를 주도해 나가는 법을 배울 수 있다.

선진국들의 가정에서는 이미 오래 전부터 생활 속의 경제 교육을 실시하고 있다. 우리보다 한발 앞서 경제 교육을 배운 선진국의 아이들이 미래에도 세계의 경제를 주도해 나갈 것은 자명한 일일 것이다.

그들은 왜 이렇게 경제 교육에 힘을 쏟는 것일까? 경제를 안다는 것은 돈의 가치를 알고 노동의 가치를 안다는 뜻이다. 돈의 가치를 아는 사람은 자신을 위한 투자에 성실하며 이는 곧 자신의 성공은 물론 국가 경쟁력의 향상에도 밑거름이 된다. 또한 일한 만큼 돈을 벌며 절약을 생활하는 건전한 시민 양성, 건전한 사회를 만드는 초석이기도 하다.

외국에서는 과연 어떻게 자녀들의 경제 교육을 행하고 있는지 그 실천 방법을 배워보기로 하자.

04

자녀를 부자로 만드는 경제교육

어릴 때부터
경제 관념을 심어줘라

유태인들을 지칭하는 말중에 세상에서 가장 뛰어난 장사꾼이라는 말이 있다. 스타벅스 커피의 하워드 슐츠, 마이크로소프트의 빌 게이츠, 세계적인 경제학자 피터 드러커, 석유왕 록펠러, 폴로(Polo) 디자인을 일군 랄프 로렌 등 현재 세계의 경제계를 이끌어가는 사람들의 대다수의 사람이 유태인이라는 점을 비추어볼 때 이 말은 유태인을 지칭하는 가장 대표적인 말이라고 할 수 있다.

유태인들은 예로부터 경제 관념과 상술이 뛰어났다. 그들의 상술과 법칙을 알아보면 다음과 같다.

• 부자를 상대로 돈벌이를 해라

부자들의 수는 적지만 그들이 가지고 있는 돈은 오히려 압도적으로 많다. 전 세계의 보통 사람들이 가지고 있는 돈을 22라고 하면, 세계의 부자들이 가지고 있는 돈은 78에 이른다. 따라서 78을 상대로 장사하는 편이 큰 돈벌이가 된다.

• 생활 속의 숫자에 익숙해야 한다

숫자에 익숙해지고 능통해지는 것은 유태인의 상술과 돈벌이의 기본이다. 유태인들은 더위나 추위조차도 숫자로 환산하여 말한다. 그들은 장사할 때만 숫자를 사용하는 것은 경제 전쟁에서 뒤떨어지는 지름길이라고 생각한다.

• 깨끗한 돈, 더러운 돈이 따로 없다

우리나라 사람들은 어떠한 종류의 일을 통해서 번 돈인가를 따지는 경향이 있다. 유태인들은 돈에는 출신 성분이나 이력서가 붙어 있지 않다고 믿는다. 더러운 돈이란 없다고 생각하기 때문이다.

유태인들이 뛰어난 장사꾼이라고 불리게 된 데에는 천성적으로 금전 관계에 밝아서라기 보다는 가정에서 비롯되는 교육의 힘 때문이다. 합리적이고 현실적인 유태인들은 어려서부터 자녀들에게 돈의 가치를 중요한 덕목으로 가르친다.

"세상에서 가난한 것보다 더 슬픈 것은 없다. 가난은 모든 고통 중 제일 지독한 것이다."

'부는 요새이고, 빈곤은 폐허이다.'

이와 같은 말들은 이스라엘 자녀들이라면 누구나 듣고 자라나는 말이다. 그들은 아이들에게 말한다.

"우리가 돈을 벌어 부자가 되어야 하는 이유는 돈이 있으면 네가 하고 싶은 일을 하는데 어려움이 없고 남을 도와줄 수 있기 때문이란다. 가난한 사람들은 부자인 사람보다 행복해질 기회를 가지기 어려울 뿐만 아니라 삶에 쪼들려 미래를 계획할 진취성을 기르기 어렵단다."

이스라엘인들은 인간이 행복해지기 위해서는 돈이 필요하며 그렇기 때문에 부자가 되어야 한다는 사실을 교육한다. 이처럼 돈이 필요한 이유를 가르치는 이스라엘인들의 경제 교육은 자녀들에게 돈 자체를 맹신하게 하지 않게 함과 동시에 행복한 삶을 위한 수단으로 돈을 바라볼 수 있게 한다.

이스라엘 부모들도 자녀들에게 용돈을 준다. 하지만 이스라엘 부모들은 자녀가 돈을 달라고 할 때에는 어디에 쓸 것인지를 물어 타당성이 인정되면 요구를 들어준다. 너무 많은 돈을 요구하면 솔직하게 집안 형편을 설명하고, 필요한 돈을 줄여서 쓰라고 충고해 준다. 이때 이스라엘 부모들은 반드시 자녀에게 '꼭 필요한 경우에만 써라.' 는 말을 잊지 않는다.

이스라엘 아이들은 어려서부터 두 개의 저금통을 가지고 있다. 하나는 자신을 위해 쓰는 저금통이고 하나는 남을 돕기 위한 저금통이다. 부모로부터 받은 돈이나 쓰고 남은 돈은 이 두 저금통으로 나뉘어 들어간다.

자신을 위한 저금통은 필요한 물건이나 친구나 가족들의 생일 선물을 사는데 쓰여진다. 친구의 생일 선물을 사는 돈을 부모가 주지 않는다.

또한 남을 돕기 위한 저금통의 용도는 불우한 사람들을 위한 자선을 위해 대부분 교회에 헌금으로 낸다. 이를 통해 이스라엘 아이들은 어려서부터 돈을 모으는 이유중 하나는 남을 돕기 위한 것이라는 사실을 체득하게 된다. 이스라엘인들이 수입의 10%를 선행이나 자선 활동에 바치는 습관은 이때부터 길러지는 것이라고 할 수 있다.

돈의 가치는 인간을 행복하게 살게 하는데 있으며 돈을 번 자는 그에 맞는 자선을 베풀어야 한다는 교육은 이스라엘 경제 교육의 핵심이라 할 수 있다.

자신을 위해 투자하라

네덜란드인들은 옛날부터 자기들만의 세상을 고집하기보다는 다른 세상으로 뛰쳐나가 세계 곳곳에 뿌리를 내리고 살아갔다. 그들은 결코 자신들의 과거나 고향에 집착하지 않고 뿌리내린 새로운 곳, 새로운 문화에 스며들어 살아가길 원했다.

과거의 자신이 어떠했는지, 과거 살았던 곳이 어떠했는지를 생각하기보다는 현재의 자신이 살아가는 곳, 현재의 모습을 더욱 중요하게 생각한다. 이런 그들의 생활 방식은 현재를 충실하게 함은 물론이고, 결국엔 충실한 현재만이 확실한 미래를 만든다고 생각한다.

그래서 네덜란드인들은 현실적이고 합리적인 국민이다. 그들은 독일, 벨기에, 프랑스에 둘러싸여 수많은 전쟁을 치룬 경험과 바다가 육지보다 낮은 국토 환경으로 인해 생존을 위해 나름대로의 방법을 선택하게 됐는데 그 첫 번째 방법이 무역이었다. 열강들에게 둘러싸여있다는 점을 오히려 장점으로 개발해 철도, 육로, 항만, 공항 시설을 발달시켜 세계의 물류 중심지로 만들고 수출을 극대화시켰다. 외국 기업들도 적극적으로 유치시켜 현재 네덜란드는 외국 기업이 사업하기 좋은 나라 제1위로 평가받고 있다.

한 마디로 네덜란드는 실용주의의 나라다. 이는 네덜란드인의 뿌리 깊숙이 박혀있는 그들의 근본적인 사고방식인데, 그래서 그 어떤 근거보다 계산과 숫자를 강하게 믿는다.

과거 16,17세기 유럽을 휩쓸었던 종교 개혁에서 일하는 것보다 일해서 번 돈을 최후의 한푼까지 계산하여 꼭 필요한데에 지출하는 것을 최고의 덕목 중 하나로 꼽았던 칼뱅주의를 선택한 네덜란드인들은 회계학을 발전시켰다. 여기엔 끊임없이 물과의 투쟁을 벌이며 수리 관리를 해야 했던 그들의 처지도 회계학 발전에 기폭제가 되었다. 더구나 1602년 세워진 동인도 회사를 발판으로 세계로, 세계로 뻗어나가던 네덜란드로서는 광대한 활동 범위에서 얻어지는 이익과 지출 등을 기록하기 위해서도 회계학의 발전은 불가피했다.

강대국들 사이에 낀 나라로서 상업과 무역을 발전시킨 네덜란드는 지금도 고등학교 선택 과목인 경제에서 회계를 배우고 있다.

그들의 돈에 대한 관념은 회계를 통해서만 배우는 것이 아니라 아주 어릴 때부터 가르쳐지는 상술에서도 비롯된다.

상술은 네덜란드인들이 아주 중요하게 여기는 국민성일 뿐만 아니라, 수 백년간 부를 유지하며 세계를 제패한 네덜란드의 국제 상인들이 존재할 수 있었던 이유라고 생각하기 때문에 어려서부터 철저한 훈련과 실습으로 상술을 가르친다.

해마다 4월, 네덜란드에서는 여왕 탄신일 연휴에 맞춰 상점들이 문을 닫지만, 상점 거리는 물건을 팔고 흥정하는 어린이들의 벼룩시장으로 변모한다.

하나라도 잘 팔기 위해 더 좋은 자리를 잡는 일, 상품에 적당한 가격을 매기는 일은 물론 조금이라도 이익을 더 보기 위한 흥정에 이르기까지 다양한 경제 행위가 이루어진다.

아이들은 이런 과정을 통해 돈의 가치와 돈을 벌기 위한 노력을 경험한다. 또한 남의 몫과 내 몫의 중요성과 경제의 기본을 배운다.

이렇게 큰 네덜란드의 아이들은 중학생이 되면 남녀를 불문하고 신문배달 등 아르바이트를 한다.

슈퍼 마켓에서 힘든 노동을 하는 와중에서도 계산 방법과 재고 관리, 상품 관리를 배우게 되고 대학생이 되면 방학을 이용하며 어학연수를 겸해 다른 나라로 아르바이트를 가는 네덜란드의 아이들. 이런 네덜란드의 아이들이 자라나서 강소국 네덜란드를 형성하는 것이다.

그러나 숫자와 긴밀한 연관성을 가지고 있으며 상술과 회계학을 중히 여긴다고 해서 네덜란드인들을 계산적인 민족으로 봐서는 안 될 일이다. 그들이 회계학을 발전시킨 가장 큰 이유는 어떻게 돈을 버느냐에 목적이 맞춰졌다기보다는 벌어들인 돈을 어떻게 지출할 것인가에 맞춰져 있기 때문이다.

네덜란드인들의 칼뱅주의적 사고 방식은 후세에 도움이 되는 지출을 최고의 소비로 본다. 그 한 예로 네덜란드인들의 투자 선

택 시 투자할 대상이 얼마나 지속될 것인가에 중요성을 부여한
다. 지금 현재 내게 이익이 되는 지출이 아닌 장래에까지 도움이
되는 지출인가가 그들의 관심사며, 이것이 자녀 경제교육에 관심
을 높게 기울이는 이유이기도 하다.

용돈은 스스로 벌어서 쓴다

최근 미국의 어린이들을 대상으로 한 경제교육 캠프가 붐을 일으키고 있다. 미국 최고의 금융 전문가들이 강의를 맡고 있는 이 캠프의 교육 내용은 주가지수, 기업 합병, 주식, 채권, 투자신탁 등 어른들에게조차 어려운 내용들이다.

이러한 경제교육을 앞다투어 어린이들에게 가르치는 이유는 금융이나 경제에 대해 어려서부터 교육해야 성장한 후 경제의 흐름을 빨리 읽을 수 있다는 생각때문이다.

우리나라 부모들의 입장에서 보면 이러저러한 학원이다 과외로 바쁜 아이들에게 경제까지 공부시킬 필요가 있냐는 의문이 들수도 있다. 또한 조기 경제교육이 부를 최고의 가치로 여기는 인간으로 성장시킬 수도 있다고 반대할 수도 있다.

그러나 경제교육을 단순히 부자가 되기 위한 교육이라고 생각할 수만은 없다. 오늘날 미국을 세계의 경제대국으로 만든 것은 어려서부터 자녀들에게 경제 개념을 심어준 가정교육에서 비롯되었기 때문이다.

미국인들은 자신의 부가 곧 자녀들의 부라고 생각하지 않는다. 부모가 부자라도 자녀들은 스스로 노동을 통해 돈의 가치를 알아야 한다고 생각한다. 따라서 아무리 부자라도 자녀들에게 재산을 물려주지 않으며 어려서부터 경제 개념을 심어주는 일을 소홀히 하지 않는다.

한 예로 유태인이자 미국의 세계적 재벌 록펠러는 자녀들의 용돈을 결코 많이 주는 일이 없었다고 한다. 뉴욕주 리치퍼드 출생으로서 뉴저지스탠더드석유회사를 설립, 미국뿐만 아니라 해외에도 유전과 정유소를 소유한 거대한 갑부였던 록펠러가 자녀들에게 준 용돈은 미국의 보통 가정에서 아이들이 받는 용돈과 비슷한 수준이었다.

록펠러가 자녀들의 용돈을 이처럼 제한한 이유는 자녀들에게 아버지의 재산은 자신들과 무관하다는 것을 인지시키는 동시에 자녀들이 스스로를 특별한 인간으로 인식하지 않도록 하기 위해서였다.

록펠러는 재계에서 물러난 후에도 자녀들에게 재산을 물려주지 않았다. 자선사업에 자신이 벌어들인 돈을 기부하였는데 1890~1892년 시카고 대학 설립을 위해 6천만 달러 이상, 그후 시카고 대학의 발전을 위해 3억5,000만 달러를 기부한 것을 비롯하여 록펠러재단, 일반 교육재단, 록펠러의학연구소 등을 설립하였다.

이처럼 미국인들은 노동을 한 자만이 그 대가로 돈을 벌 수 있으며 노동의 제공 없이 얻는 돈은 잘못된 것이라는 것이 기본적인 생각이다. 그래서 미국의 부모들은 어려서부터 자녀들에게 노동의 중요성을 알게 한다.

미국의 어린이들은 용돈을 받기 위해서는 집안일을 돕거나 잔디를 손질해야 한다는 것을 알고 있다. 부모는 아이들이 일한 대가 이상의 넉넉한 돈을 주지도 않는다. 일한 것보다 많은 용돈을 주게 되면 자녀들이 돈의 소중함을 모르게 되기 때문이라고 생각하기 때문이다.

부모가 부자라 해도 대부분의 미국 청소년들이 여름방학이 되면 아르바이트를 하는 것도 이 때문이다. 여름방학이 되기도 전에 이미 어떤 아르바이트로 돈을 벌 것인지 계획을 잡아놓고 실행하는 것은 미국 청소년들 사이에서는 특별한 일도 아니다.

자신이 가지고 싶은 물건을 부모에게 사달라고 조르는 아이들도 별로 없다. 집안의 잔디깎기, 애완견 돌보기 등 아르바이트를 하며, 저축을 해서 필요한 물건을 산다. 대학에 입학하기 전에 미리 자신의 돈으로 집을 구해놓는 청소년들도 있다. 이러한 모습은 등록금에서부터 용돈, 그리고 하숙비 까지 대부분을 마련해주는 우리나라와는 대조적일 수 밖에 없다.

세계적 갑부 빌 게이츠는 한 인터뷰에게 자녀들에게 용돈을 매주 1달러씩 주고 있다고 밝혔다. 대신 아이들이 스스로 용돈을 벌 수 있도록 하고 있으며, 집안일을 하면 그 대가로 용돈을 더 주고 있다고 했다. 빌 게이츠 또한 컴퓨터를 사기 위한 용돈은 스스로 벌었을 정도로, 미국인들은 자녀가 돈을 버는 것에 익숙하다.

세계 최고의 부자중 한 사람인 워렌 버핏 또한 마찬가지이다.

그의 부모 또한 워린 버핏이 어린 시절 스스로 용돈을 벌어서 생활하도록 했다. 그래서 워린 버핏은 껌, 콜라 같은 식품 팔기와 신문배달 등 안 해본 아르바이트가 없을 정도이다. 이러한 성장 과정을 겪은 워런 버핏은 자녀들의 경제교육에도 엄격했던 것으로 유명하다.

그는 아들에게 "넌 은장도를 가지고 태어났다."라고 말하며 돈과 재물이 아들에게 위험한 존재가 될 수 있음을 각성시켰다. 그래서 그는 아들에게 돈이 아니라 자신이 좋아하는 일을 찾을 것을 강조했다.

그의 아들은 아버지가 자신에게 물려준 것은 재물이 아니라 자기가 하고 싶은 일을 하고 살라는 정신적 가르침이었다고 이야기하고 있다. 실제로 워렌 버핏은 전 재산의 85%를 사회에 기부하겠다고 약속했는데, 그의 아들은 아버지의 재산에 기대기 보다는 스스로 삶을 개척하여 영화 '늑대와 춤을'의 배경음악을 작곡하는 작곡가가 되었다.

이처럼 가정에서 노동의 의미와 경제 개념을 배운 미국의 아이들은 나눔에 대해서도 배운다.

미국 학교에 자녀들을 보낸 한국인들을 당황하게 하는 것들중 하나가 바로 수시로 개최되는 기금모금 행사라고 한다. 학생들을 수학여행에 태우고 갈 버스 대절 경비를 마련하기 위해서도 기금모금이 이루어질 정도니 한두 번 자선바자회에 참석한 경험밖에는 없는 한국 부모들이 당황할 만도 하다.

그러나 미국인들에겐 기금모금 운동이 매우 일상화되어 있다. 학생들이건 부모들이건 마찬가지다. 부모들은 가정통신문을 통해 학교를 지원해주는 회사의 상품권을 사라는 전단과 학교에서 주최하는 각종 기금마련 행사 안내장들을 자주 받는다. 아이들 역시 10월 말경에 열리는 할로윈 데이를 앞두고 물건을 팔아 학교의 기금으로 기부하기도 한다.

특이한 것은 미국인들이 일년 내내 열리는 기금 모금 행사를 전혀 귀찮아하지 않는다는 것이다. 아니 오히려 그들은 이러한 행사를 즐기며 적극 참여한다.

학교에서 지정해준 날에 아이들과 함께 유희시설을 이용하고 영수증을 갖다주면 영수증에 적힌 금액의 일부가 학교 기금으로 기부될 정도로 기금 마련과 기부 문화는 미국인들에겐 생활화되어 있다.

이처럼 일상화된 기부 문화가 어려서부터 습관이 되어 있는 미국의 아이들은 어른이 된 후에도 사회를 위한 기부 활동을 게을리 하지 않는다. 미국의 유명한 대학들의 경우 기부금이 학생들의 학비만큼 많이 들어오고 있는 실정이다. 그래서 남의 일에는 관심이 없고, 자기 할 일만 하는 사람, 자기 가족만 위하는 사람을 미국인들은 별로 좋아하지 않는다.

미국의 경제교육 붐이 무서운 것은 바로 기본적인 경제 개념 위에 쌓인 지식이 앞으로 발휘할 저력 때문이다. 기본 교육이 제대로 된 교육은 흔들리지 않는다. 우리가 미국 가정에서 배워야 할 것도 바로 기본적인 경제 지식 위에 어떠한 지식을 쌓아도 올바른 길로 자녀들을 인도할 수 있는 기부 문화와 같은 가치이다.

돈의 가치를 경험하게 하라

"아이들에게 아무리 말로 설명해도 돈의 가치는 가르칠 수 없다. 돈의 가치를 가르치는 가장 좋은 방법은 실제로 돈을 벌게 하는 것이다. 그것도 되도록 어릴 때에 해야 한다. 이것을 이길 교육법은 없다."

일본 와세다 대학의 교수로 신규 사업론이 전공인 '오오에 켄' 씨의 말이다.

오오에 씨는 아이들을 대상으로 한 기업 세미나를 열고 있으며 그 일환으로 아이들의 경제교육을 위한 '가게 놀이' 행사를 일본의 여러 곳에서 열고 있다.

가게 놀이란 아이들이 그룹을 만들어 스스로 구해 온 상품이나 만든 물건을 가게에 진열하고 팔게 하는 일종의 상점 놀이로 아이들에게 아이디어와 노력이 돈이 된다는 사실을 가르치는데 목적을 두고 있다.

이 가게 놀이에 참가했던 일본의 한 어린이는 가죽으로 만든 열쇠고리를 팔았다. 물건을 사는 사람의 이름을 가죽에 새겨주는 단순한 아이디어로 호평을 받았고 이익금은 한 달에 받는 용돈의 세 배나 되었다.

이 이익금으로 그 동안 가지고 싶어했던 게임 소프트를 살 수 있게 된 아이는 매우 즐거워했다. 아이디어가 돈을 버는 중요한 역할을 한다는 것을 아이는 체험을 통해 터득하게 되었다.

이처럼 경제 체험을 통해 아이들의 금전 감각을 키우기 위한 노력이 일본에서 진행되고 있다. '오사카후립 대형 아동관 빅 뱅크(오사카후 사카이시·大阪府堺市)'가 중학생 이하의 어린이를 대상으로 연 프리 마켓과 직업 체험관도 그 중 하나이다.

프리 마켓을 기획한 아동관 종합 프로듀서인 '오오쯔키 히로코' 씨는 자신이 유치원에서 배웠던 상점 놀이가 즐거웠던 기억이 떠올라 프리 마켓을 생각해 냈다. 아이들이 즐겁게 놀 수 있는 동시에 아이들에게 진짜 돈을 사용하게 함으로써 경제 전반에 대한 내용을 체험하게 할 수 있도록 하는 것이 프리 마켓의 목적이다.

이 프리 마켓에는 유치원생부터 중학생까지 참가한다. 아이들은 아동관 앞 광장의 지정된 자리에 자리를 잡고 손수 만든 간판을 세워두고 장사를 시작한다. 대부분의 상품은 필요없게 된 장난감이나 헌 옷, 스스로 만든 액세서리이다. 가지고 있던 구슬을 다리미로 녹인 후 녹인 구슬을 다시 붙여 만든 장식품도 있다. 물건을 팔고 사는 아이들은 가격 흥정에 열심이다.

"돈을 버는 건 너무 힘들어요."

행사 후 실시한 앙케이트에서 아이들은 대부분 이렇게 답변했다. 아이들은 돈을 버는 체험을 통해 돈을 소중히 여기고 가치있게 써야 한다는 사실을 알게 된 셈이다.

또 보험이나 은행 등을 경험할 수 있는 파이낸스 체험관도 있다. 이곳에서 아이들은 가상의 직업과 연봉을 가지고 있다. 이에 따라 은행과 보험, 주식 업무를 할 수 있다. 가상의 주식 투자를 하다가 실패할 경우, 은행에서 돈을 대출해주기도 한다. 그러나 무턱대고 돈을 대출해주는 것이 아니라, 대출해가는 어린이의 대출 계획과 연봉 등을 고려하여 빌려준다.

일본의 경제교육을 대표하는 단어가 바로 모노츠쿠리 정신이
다. 모노츠쿠리란 흔히 '물건을 만든다.' 라는 말로 이해되고 있
다. 하지만 이것은 단순히 물건을 만든다는 것이 아니라 장인 정
신을 가지고 만드는 것을 의미한다. 이 정신으로 일본은 제2차
세계대전의 패전이라는 절망 속에서도 소니, 도시바, 샤프, 미쓰
비시 등 세계적인 기업을 키워냈다.

그래서 일본의 가정에서는 집안의 대를 이어 가게를 물려받는
것을 중요히 여긴다. 직업의 귀천없이 대를 이으며 물려받는 것
을 중시하기 때문에 몇 십년 이상된 가게도 흔하다.

이러한 과정을 통해 일본의 어린이들은 세상을 움직이는 힘,
경제에 대해 배우고 체험한다. 일본의 저력은 바로 어린 시절부
터 미래를 살아갈 능력을 키우는 데 있다.

쇼핑을 통해서 가르친다

남편의 해외 발령으로 7년째 영국 생활을 하고 있는 홍씨는 영국은 선진국이라고는 상상할 수조차 없을 만큼 검소하고 평화로운 나라라고 말한다.

영국 사람들이 검소한 것은 새것보다는 옛것을 좋아하는 국민적 성향도 한몫하지만, 2차 세계대전 이후 쓰라린 생활로 인해 근검절약하는 생활이 저절로 몸에 밴 탓도 있다. 또한 월급의 30% 이상을 세금으로 내기 때문에 비싼 물가와 세금을 감당하려면 근검절약하는 생활이 일상화되어 있다.

반면 복지제도가 잘 발달한 영국에서는 미래를 걱정하지 않기 때문에 하루하루가 여유롭고 평화로운 편이다. 검소하지만 인생을 평화롭게 응시하며 즐길 줄 아는 사람들이 영국인들이라고 하면 맞는 말인 것 같다.

그러나 아이들의 교육에서는 엄격한 편이다. 아이들이 며칠 학교를 빠지기만 해도 부모에게 교육청으로부터 경고장이 날라올 정도로 제도 교육이 철저하게 이루어진다.

어느 날 홍씨는 백화점을 방문하였다가 이해하기 힘든 광경을 목격했다. 물건을 사기 위해 이리저리 돌아다니던 그녀는 이제 6살이나 7살이 된 듯한 아들과 함께 백화점을 방문한 영국 여성을 발견했다.

"자, 이 돈으로 네가 사고 싶은 물건을 사 가지고 오렴. 장난감 매장이 어디 있는지는 알지? 엄마는 여기서 쇼핑하고 있을게."

영국 여성은 아이에게 돈을 건네며 아이를 장난감 매장에 혼자 가도록 하였다. 이후 홍씨는 백화점에서 만난 그 여성뿐만 아니라 대부분의 영국 부모들이 자녀 스스로 물건을 사도록 하는 것을 당연하게 여긴다는 알게 되었다.

영국인들은 아이들이 사고 싶은 물건을 말한다면 적당한 금액을 주며 아이가 스스로 사고 싶은 물건을 쇼핑을 통해 고르고 가격을 비교하며 구입하도록 한다.

아이들이 혼자 하는 쇼핑을 통해 경제 개념을 익히고 시장의 원리를 터득하게 하는 것이다. 또한 스스로 선택하고 구입한 물건에 대해 애착을 갖게 하고 자신에게 맡겨진 돈을 책임지고 알맞게 쓰는 방법을 익히게 한다. 이러한 교육을 통해 아이는 자신의 욕구를 절제하는 방법과 물건을 살 때 신중한 태도를 보이게 된다.

아이들에게 적당한 금액을 스스로 책임지게 하면서 경제 교육에 필요한 돈의 가치와 절약, 소비에 따른 책임을 쇼핑 체험으로 가르치는 영국인들. 이러한 교육을 받고 자란 영국 아이들이기에 성인이 되어서도 검소한 생활에 만족하며 생활을 즐기는 여유를 가지게 되는 것이 아닐까 싶다.

다른 선진국들과 마찬가지로 영국도 기부문화가 발달되어 있다.

영국의 아이들은 봉사활동의 일환으로 다른 사람을 위한 기금 모금 행사에 참여한다. 아프리카 아이들을 위한 학용품 마련을 위해 기금 마련 걷기 대회를 개최하기도 하고 가난한 친구의 여름 캠핑 경비를 마련해주기 위해 세차 일을 하기도 한다. 영국의 부모들은 아이들이 기금 마련 운동을 할 경우 서로 연락해 후원자가 되기도 한다.

영국 런던의 콜빌초등학교처럼 사회봉사라는 과목이 따로 독립된 과목으로 채택되어 있는 학교도 있다. 세계적으로 유명한 '노팅힐 카니발'은 콜빌초등학교가 매년 추수감사절에 벌이고 있는 봉사활동 축제이다.

이러한 영국 아이들의 기금모금 활동에서 우리가 눈 여겨 봐야 할 것이 있다. 대부분의 영국인들이 아이들이 스스로 기부할 돈을 마련하게 한다는 사실이다. 영국인들은 아이들이 땀 흘려 벌어들인 돈이 아니라면 진정한 기부의 의미가 없다고 생각한다. 때문에 아이들에게 기부를 하라고 따로 돈을 주는 영국 부모는 찾아보기 힘들다.

"학생들이 내는 돈의 액수는 별로 중요한 것이 아니다. 아이들이 도움이 필요한 사람들을 위해 땀을 흘리는데 의미가 있다."

봉사 활동의 의미를 설명한 영국 교장의 말이다.

이 같은 생각은 영국 국민성을 대변하는 것 같다. 영국의 기부 문화를 대표하는 또다른 예로 영국 텔레비전의 성금 모금 프로그램을 들 수 있다.

이 프로그램은 어린이 대상의 봉사활동 프로그램으로 어린이들이 직접 일해서 모은 돈 외에는 성금으로 받지 않는다. 어린이들에게 부모의 힘을 빌리지 않고 기금을 마련할 수 있는 방법을 가르치는 것이 이 프로그램의 목적이다.

물건을 팔아서 모은 돈, 아이들이 집에서 만들 수 있는 음식을 팔아 마련한 돈, 기금 마련 달리기에 참가해 받은 돈 등 아이들이 땀을 흘린 돈을 기부금으로 받고 기부를 한 어린이에게는 일일이 감사의 편지를 보내준다.

가정과 학교에서는 물론 영국 사회 전체에 깔려있는 봉사활동과 기부 문화에 대한 올바른 인식은 영국의 아이들을 올바른 경제 개념을 심어주고 영국 국민을 선진 시민으로 만들고 있다.

독립통장으로 자립심을 키운다

안데르센의 나라, 덴마크는 교육의 천국이라고 불리운다. 교육의 천국이라고 불리우는 데는 학벌과 직업의 차별이 없는 나라이자 대학교를 졸업하는 것이 전부가 아닌, 입시 시험에 억매이지 않으며 방과후 수업을 통해 마음껏 취미활동을 할 수 있기 때문이다. 덴마크의 초등학교는 시험과 등수 자체가 없을 정도이다. 초등학교 8학년까지 시험이 아예 없으며 9학년 말에 고등학교 진학을 위해 자격시험을 치르는 정도이다.

또한 우리나라처럼 학교를 설립하기가 까다롭지 않아서, 누구나 일정 기준만 갖고 있으면 학교를 설립할 수 있다. 그래서 인문계와 실업계, 예술계 등 몇몇 유형의 학교만 존재하는 것이 아니라, 다양한 형태의 학교가 존재한다.

흔히 덴마크 교육은 '자립 교육'이라 한다. 덴마크의 모든 교육이 여기에 초점이 맞춰져 있다. 이를 상징적으로 대표하는 것이 바로 '독립통장'이다. '독립통장'은 자립의 상징이며, 덴마크의 중요한 자녀 교육 방법으로 자리잡고 있다.

덴마크에서는 아이가 태어나서 첫 돌이 되면 아이의 이름으로 통장을 만들어준다. 이것을 '독립통장'이라고 한다. 첫돌이 안 된 아기부터 20세 안팎의 젊은이들까지 갖고 있는 '독립통장'은 자녀들이 부모로부터 독립하기 위한 개인 저금통장이다. 성인이 되어 부모로부터 독립할 때, 결혼에서 가정을 꾸리게 될 때 덴마크 사람들은 이 통장을 사용한다. 첫돌 때 만든 통장이라고 해서 '독립통장'을 부모가 채워준다고 생각한다면 잘못된 생각이다. '독립통장'은 아이들 스스로 돈을 모아 저금하는 것이 통례이다. 따라서 덴마크 아이들은 아주 어렸을 때부터 자신이 할 수 있는 일을 해서 미래의 독립 자금을 모으게 된다.

이를 위해 덴마크의 한 시골 마을에서는 아이들이 용돈을 받기 위해 휴일마다 2~4시간을 외양간에서 보낸다고 한다. 평일에도 학교에서 돌아온 오후 2시부터 해질 때까지 소똥이 묻은 장화와 작업복을 입고 지내는 덴마크 아이들을 보는 것은 그리 어렵지 않다. 어떤 아이들은 집에서 재배하는 곡식이나 채소를 내다 파는 수완을 발휘해 용돈을 벌기도 한다. 농촌에 사는 아이들에겐 자신의 집과 이웃이 돈벌이 장소인 셈이다. 도시에 사는 아이들 역시 하는 일은 조금 다르지만 가사를 돕거나 친척이나 이웃의 일을 도와 용돈을 번다.

물론 이렇게 번 용돈을 모두 '독립통장'에 저축하는 것은 아니다. 일부는 저축을 하고 일부는 자신이 사고 싶은 물건을 사는 등 여러 가지 용도로 지출한다. 대체로 '독립통장'을 보관하는 엄마가 최소 얼마만큼은 저축해야 한다고 가르치고 아이들은 이를 지켜나가는 것을 기본으로 한 후 남은 돈은 지출을 한다. 부모가 아이들에게 정해주는 불입액의 규모 또한 자녀들이 자랄 수록 더욱 커지게 된다.

덴마크 자녀들이 이 통장을 받는 나이는 만 18세가 되는 생일날이다. 만 18세가 되는 생일날 성대한 성인식을 치르는데 그때 부모들은 그 동안 보관했던 독립통장을 건네준다. 자녀에게 '독립통장'을 건네주는 의미는 이제 성인이 되어 스스로를 책임지고 독립생활을 시작할 수 있다는 뜻이다. 지금까지는 부모가 통장을 관리했지만 이제부터는 스스로 자신의 경제를 계획하고 책임질 때가 되었다는 의미도 된다. 실제로 덴마크의 자녀들은 '독립통장'을 받은 지 얼마 안 되어 부모로부터 독립해 생활하기 시작한다. 부모도, 자녀들도 모두 국가에서 양육비가 지급되는 18세까지가 부모의 양육 책임이 있는 기간이라고 생각하기 때문이다.

이러한 생활 방식은 성인이 되어서는 물론 결혼할 때까지 부모와 함께 동거하며 용돈을 타기도 하고 결혼 자금까지 부모에게 의지하는 우리나라와 많은 차이가 있다.

그렇다고 해서 덴마크의 가족 관계가 삭막한 것은 아니다. 일요일이면 온 가족이 모여서 점심을 함께 하거나 야외로 나가 즐겁게 지내며 가족애를 느낀다.

자녀에게 해줄 수 있는 최고의 교육은 아이들 스스로 사회인으로 성장할 수 있는 능력을 키워주는 것이라는 덴마크 부모들의 생각은 '독립통장'의 관리를 통해 좀더 구체적으로 나타나 부모 자식 간의 정확한 경제 관념, 생활 교육을 통한 합리적인 교육을 실천하고 있다.

절약정신을 키운다

독일의 속담 중에는 '절약이 버는 것이다.'라는 말이 있다. 이 말은 독일이 선진국이 될 수 있는 요체가 어디에 있었는지 짐작하게 해주는 말이다. 두 차례 세계대전의 패전 국가로 잿더미였던 독일이 오늘날과 같이 안정된 사회에서 경제적인 풍요를 누릴 수 있는 것은 이와 같은 절약정신이 있었기 때문이다.

독일 사람들의 절약정신은 이미 오래 전부터 정평이 나있다. 독일 사람들은 결혼할 때에 새 가구를 사는 것이 아니라 조상 대대로 내려오는 가구를 그대로 사용하고 필요가 아닌 장식을 위한 물품은 절대 구입하지 않는다.

독일인들은 자녀들에게 값비싼 옷이나 신발 등을 사주지 않으며 용돈도 최소한만 준다. 아이들에게 절약하는 습관, 사치하지 않는 습관을 기르게 하기 위해서다.

독일의 아이들은 어려서부터 아르바이트를 해 스스로 용돈을 버는 것은 물론 대학 등록금이나 생활비를 은행의 융자 등을 통해 해결하고 스스로 갚아나가는 것을 당연하게 생각한다.

어려서부터 자녀들에게 필요 없는 물건은 벼룩시장에서 교환하거나 사고 팔도록 교육하는 독일인들은 일상생활에서도 물자 절약을 생활화하고 있다.

독일의 초등학교에서는 아이들에게 절약정신을 길러주기 위해 학교 운동장이나 강당에서 '벼룩시장'을 연다. 보통 계절이 바뀔 시기의 일요일이나 토요일에 '벼룩시장'이 열리는데 이날은 마을 전체의 행사나 마찬가지다. 아이들은 물론 부모들과 동네 어른들, 심지어는 다른 곳에서 찾아온 사람들이 물건을 구경하고 필요한 물건을 사거나 판다.

운동장에는 아이들이 가지고 온 온갖 물건들이 펼쳐진다. 입다가 작아진 옷이나 신발, 롤러스케이트, 장난감, 악세사리, 다 읽은 동화책이나 만화책 등 그 종류도 다양하다. 비록 낡고 헌 물건이지만 아이들은 자신이 내놓는 물건을 자랑스러워하며 당당히 판매하는 모습은 인상적이다.

"이 책은 그림형제가 쓴 책이야. 가난한 구두장이를 위해 꼬마 요정들이 몰래 신발을 만들어준다는 얘긴데, 정말 재미있어."

이렇게 동화책의 내용을 설명해주는 아이가 있는가 하면, 어떤 아이는 자신이 가지고 놀다 싫증난 인형을 다른 친구들에게 소개한다.

" 이름은 '클라라'고 나이는 5살이야. 난 매일 '클라라'하고 잠도 자고 놀기도 했는데 이제 3학년이 되니까 필요없게 되었어. 다른 물건이랑 교환하려고 내놓은 거야."

아이들은 자신들이 내놓은 물건을 소개하고 원하는 가격에 팔기도 하고 어떤 물건은 교환한다. 이러한 '벼룩시장'을 통해서 독일 사람들이 어린이들에게 가르치고 싶은 것은 바로 절약정신이다.

"새 것만이 좋은 것은 아니란다. 너에게 필요 없는 물건들이라고 해서 다른 사람에게도 필요 없는 물건들은 아니란다."

"쓸 수 있는 물건을 내게 필요 없다고 버리는 것은 낭비야. 낭비는 나쁜 습관이란다.”

“돈이 많은 부자나 가난한 사람이나 모두 절약을 해야 해. 돈이 많다고 물건을 함부로 구입하고 사는 것 역시 나쁜 습관이기 때문이야.”

이런 독일인들에게선 체면을 위한 허영이나 겉치레를 찾아 볼 수 없다. 아이들에게도 강조하는 것도 실용성이다.

남에게 자랑하기 위한 브랜드의 옷이나 신발을 사지도 않을 뿐더러 아이들에게 사주지도 않는다. 학용품을 낭비하지는 않는지, 전등을 잘 끄고 다니는지, 보지 않는 TV를 켜놓지는 않은지, 쓰레기의 분리수거는 잘하고 있는지, 용돈은 아껴서 저축하는지 등등 어릴 때부터 절약하는 습관을 철저히 몸에 익히도록 한다. 또한 아이들이 수학여행이나 소풍을 갈 때는 집을 떠나있는 동안 불필요한 돈을 낭비하지 않게 하기 위해서 부모들이 모여 토론을 통해 용돈을 정할 정도로 자녀들의 용돈 관리에도 소홀함이 없다.

이처럼 독일의 절약정신은 선진국 독일을 이끄는 밑거름이자, 가정교육의 주요 덕목으로 자리잡고 있다.

- 아이들과 은행에 가 보자

덴마크 부모들처럼 아이가 첫 돌을 맞이한 순간부터 성인이 될 때까지 아이들 스스로 번 돈이나 용돈으로 통장을 채우게 하는 것은 우리나라 현실에선 조금 어려운 일이다. 그러나 우리 나라 실정에 맞추어 경제교육을 실천할 수 있다.

아이들이 사고 싶어하는 물건이나 배우고 싶어하는 운동, 보고 싶어하는 책 등을 목표로 저축을 하게 하는 것이다.

아이들에게 준 용돈중 일부를 저축하게 유도하는 방법도 좋고, 적당한 집안일을 일정한 기간 책임지게 하고 그에 따른 대가를 통장에 넣어주는 것도 바람직하다.

한 가지 더 이야기한다면 통장을 만들 때는 꼭 자녀와 함께 은행에 가라는 것이다.

은행에 가면 엄마를 따라나온 아이들을 많이 만날 수 있다. 대부분의 아이들은 또래들과 놀거나 엄마의 뒤를 졸졸 따라다니는 게 보통이다. 이처럼 좋은 현장 학습의 기회를 놓쳐서는 안 된다.

통장을 만들 때는 아이가 자기 이름을 적게 하는 등 통장이 만들어지는 과정에 직접 참여하도록 유도하고, 통장이 만들어지는 동안에는 은행에서 하는 일, 사람들이 왜 은행에 저축을 하는지 등을 설명하면 좋다.

부모들은 우리 자녀들을 과소평가 할 때가 많다. 아이들이 뭘 할 줄 알겠냐는 생각에 아이들 스스로 참여하고 배울 기회를 앗아간다. 그러나 어른들의 생각과는 달리 아이들은 5~6세만 되어도 현금자동지급기를 이용할 때 지시 버튼을 누르는 일을 도울 수 있고, 순번 대기표를 뽑아올 수 있다.

현장학습이란 박물관이나 생태 학습지 등을 찾아야만 이루어지는 것이 아니라는 사실을 부모들이 안다면 아이들의 교육 기회는 그만큼 넓어진다. 오늘 자녀의 손을 잡고 은행에 들리자. 아이의 이름으로 된 통장도 만들고 경제 교육도 실천해 보자.

- 아이들을 쇼핑에 참여시키자

자녀가 물건을 사기에는 아직 이르다고 생각한다면 쇼핑하는 방법을 배우게 하는 것이 좋다. 쇼핑 교육은 물건의 품질과 가격의 실용성을 비교하는 안목을 아이들에게 키워주므로 사치와 낭비를 막고 절약을 습관화하는 데 도움이 된다.

"이 전기 밥솥은 어떤 기능이 있을까 살펴보자. 그래, 조금 전에 본 밥솥하고 기능은 같지만 가격이 더 저렴하구나. 넌 어떤 걸 사면 좋겠니?"

"이 옷은 예쁘긴 한데 세탁기에 넣고 빨래를 할 수 없는 천으로 만들어졌구나. 세탁소에 맡겨야 해. 그러면 세탁비가 들 것 같은데, 네 생각은 어떠니?"

이렇게 물건의 장단점을 보는 방법과 더불어 의견을 구하는 형식을 통해 쇼핑하는 방법을 터득하게 하자.

세계가 원하는 인재는 다양한 분야에 지식과 실전을 겸비한 사람이다. 한 가지만 잘 하는 인재는 많지만 그들이 할 수 있는 것은 한정되기 마련이며 모든 학문이나 지식은 결국 연관 고리를 가지고 형성되어 있기 때문이다.

실제로 물리학이나 생물학 등에서 두각을 나타내는 세계적 인재들은 얼핏 그 학문과 전혀 연관이 없어 보이는 철학과 예술에도 깊은 조예를 가지고 있다.

공부만 잘하는 아이, 운동만 잘하는 아이의 한계는 분명하다. 현재는 공부도 잘하고 운동도 잘하며 독서도 열심히 하는 다방면의 재능을 요구하는 사회다. 이른바 멀티플레이어를 원하는 것이다.

아이들을 멀티플레이어로 성장시키기 위해서는 다양한 분야에 관심을 갖도록 유도함은 물론 자녀 교육의 방법에서부터 통합 교육이 실시되어야 한다.

이미 선진국의 교육은 통합 교육을 지향한지 오래다. 그들은 각각의 학습이 연계되어 아이들에게 종합적인 사고와 안목을 가지게 한다. 그들이 말하는 인재란 여러 가지를 잘하는 가운데 한두 가지가 더욱 특출난 사람을 말한다.

그들이 그러한 인재를 배출하기 위해 어떠한 교육을 하고 있는지 알아보자.

05

멀티플레이어로 키워라

한 명의 낙오자도 없다

2007년 유엔아동기금에서 유럽과 북미 지역의 21개국 회원국 20만 명 이상 어린이들의 생활 여건과 만족도에 대해 조사한 바가 있다. 이중 네덜란드 어린이들이 가장 행복 지수가 높은 것으로 나타났다. 부모와의 유대 관계, 친구와의 관계 등 다른 5가지 문항에서도 만족도가 높은 10위권 안에 올랐다.

또 2008년 세계보건기구 보고서에서는 네덜란드 어린이가 부모와의 유대 관계에서 최고인 것으로 나타났다. 2009년 영국 아동기아활동단체가 유럽 아동들의 행복에 대한 조사에서 네덜란드는 또 한 번 1위에 선정되었다.

이처럼 네덜란드 어린이들은 부모와의 유대 관계가 매우 높으며 친구와 학교 생활 등에 있어서도 매우 높은 만족도를 보이며 세상에서 가장 행복한 어린이인 것으로 밝혀졌다.

네덜란드인들은 현실적인 국민성을 가지고 있기 때문에 자녀의 미래를 위해 부모가 희생하거나, 허리를 졸라매고 살기 보다는 '현재'에 초점을 둔다. 그래서 지금 자녀와 어떻게, 얼마나 잘 지낼 것인가에 관심이 높다.

일례로 네덜란드에서는 부모들이 자녀와의 관계를 무엇보다 중시해 여성이 자녀를 낳은 후 함께 시간을 보내기 위해 일자리를 쉬는 비율이 다른 유럽 국가보다 상대적으로 높은 것으로 나타나고 있다. 네덜란드 근로자중 여자의 60%, 남자의 30% 정도가 파트타임으로 일하며, 줄어든 근무 시간만큼 자녀 교육과 가정생활에 할애한다.

또 네덜란드 아이들이 행복 지수가 높은 데에는 엘리트 교육이 아닌 평등 교육 위주의 정책이 한몫을 하고 있다.

'Doe maar gewoon, dat is get genoeg.'

네덜란드인이라면 누구나 아는 이 말은 '평범하게 행동하라,

그걸로 충분히 특별하다.' 는 뜻을 가지고 있다.

이 말은 네덜란드인들이 개성이나 창의성을 무시하는 것이 아니다. 네덜란드인들은 모든 사람이 다른 개성과 재능을 가진 것은 너무나 당연한 일이므로 따로 거론할 필요가 없다고 생각할 뿐이다.

이 같은 네덜란드인들의 생각은 교육에도 반영되고 있다. 네덜란드인들에게 아이들은 특별한 재능을 가진 존재인 동시에 평범한 아이들이 된다.

그래서 네덜란드의 교육은 엘리트 교육이 아닌 평등 교육이다. 네덜란드의 교육은 아이들이 단 한 명의 낙오자도 없이 만드는데 중점이 맞춰져 있다. 그래서 가정교육 또한 학교 성적이 우수한 소수의 엘리트 교육이 아니라 아이가 능력과 개성을 찾는 데 목표를 두고 있다.

이를 위해 네덜란드의 초등학교는 과목별로 여러 단계를 나눠 아이의 능력에 맞게 학습하고 수업을 따라오지 못할 경우에는 이해할 때까지 계속 반복한다. 그 날 배웠던 내용을 이해하지 못했을 경우 방과후 보충수업이 실시된다.

특이한 점은 방과후 보충수업이 공부에만 집중되어 있지 않다는 것이다. 수학이나 역사 등의 공부 외에도 아이들 스스로 음악이 부족하다 싶으면 음악실에서 노래를 한다든지 다른 아이들에 비해 달리기를 못한다고 생각하면 운동장에서 힘껏 달리기 연습을 한다.

네덜란드 아이들은 가방을 가지고 다니지 않으며 학교 사물함에 필기 도구와 교과서들을 두고 다닌다. 학교에 도착해 사물함에 들어있는 책들을 그날 시간표에 맞게 꺼내고 집으로 돌아갈 때는 다시 사물함에 넣는다. 그야말로 학교에서 받는 수업이 전부인 셈이다. 나머지 시간은 아이들이 좋아하는 책을 보거나 운동을 하거나 텔레비전을 보면서 지낸다.

시험에 대한 부담감도 없다. 대부분 질문과 토론으로 이루어지는 수업에서 수시로 아이들의 수행평가가 이루어지고 있기 때문이다. 정답보다는 선생님의 질문에 얼마나 열성적으로 대답했느냐가, 시험의 점수보다는 수업에 참가하는 태도가 훨씬 중요하다는 것을 아이들은 알고 있다.

따라서 며칠 전에 예고되는 큰 시험에도 아이들은 싫어하는 내색이 없다. 시험은 그저 교과 과정의 일부라고 생각하기 때문이다.

또한 네덜란드 교사들은 아이들에게 필기를 강요하지 않는다. 재미있는 이야기나 토론으로 진행되는 수업에 앞서 나눠주는 프린트물에 아이들 스스로 중요하다고 생각되는 것들을 적도록 할 뿐이다.

이러한 네덜란드의 교육은 아이들에게 자유를 가르치고 창조와 책임의식을 기르게 한다. 공부를 벗어나 많은 경험과 흥미거리를 아이들이 갖게 하고 자유를 주는 것이야말로 네덜란드인들이 생각하는 평등 교육이다.

노는 게 공부하는 것이다

파리를 여름에 방문한 사람들은 텅 빈 도시에 놀라게 된다. 여름날, 파리의 도시를 장악하고 있는 것은 프랑스인들이 아니라 다른 나라에서 여행 온 사람들이다. 여름 기간 동안 파리의 사람들은 어디로 사라진 것일까? 답은 여름 휴가, 즉 바캉스를 떠난 것이다.

프랑스인들은 여름 휴가 기간이 되면 도시를 떠나 휴양지로 발걸음을 옮긴다. 여름 휴가는 프랑스인들에겐 일 년중 가장 큰 행사 중의 하나이다. 프랑스의 달력이나 일기장들이 9월로 시작해 다음 해 8월로 끝날 정도로 프랑스인들에게 여름 휴가는 한 해를 시작하고 끝내는 시작점이나 다름없이 여겨지고 있다.

비단 여름 휴가 때만이 아니다. 평소에도 프랑스인들은 여행이나 소풍을 즐긴다. 비가 많이 오고 우중충한 유럽의 다른 나라들보다 좋은 기후를 가진 프랑스인들은 주말이면 가족들과 함께 자주 나들이를 간다.

이러한 국민성은 자녀 교육에도 영향을 미치고 있다. 그들은 우리나라의 입시 지옥처럼 목숨 걸고 공부하지 않는다. 아이들에게 여행과 축제를 즐길 것을 권유한다.

프랑스 초등학교의 점심시간은 12시부터 1시 45분까지로 길다. 이 시간동안 아이들은 집으로 가서 부모님과 함께 점심식사를 하고, 다시 학교로 돌아온다. 수업도 일주일에 4일만 수업한다. 즉 월요일, 화요일, 목요일, 금요일에만 학교를 간다. 2달 간의 긴 방학동안 숙제도 없다. 프랑스에서는 아이들이 많은 지식을 채우는 데 목적을 두기 보다는 많은 것을 보여주고, 경험하게 하려는 데 초점을 둔다.

프랑스인들은 아이들이 여행을 가고 축제를 즐기는 것을 막지 않는다. 그 속에서 배울 것들이 많다고 생각하기 때문이다.

이는 학교나 유치원 교육에서도 해당된다. 프랑스의 학교와 유치원은 유난히 방문 학습이 많고 수학여행 일정도 길다. 교실 안에서 배우는 교육보다는 아이들이 실제로 눈으로 보고 체험하게 하는 교육이 중요하다는 생각을 가지고 있기에 이를 권장한다.

프랑스의 유치원 아이들의 경우 해마다 보름 정도의 긴 수학여행을 간다. 주로 오래된 성을 수학 여행지로 삼는데 우리나라의 수학 여행처럼 노는 것을 목적으로 여기지 않는다. 수학여행 기간 동안에도 평상시와 같이 아침부터 오후까지 수업이 이루어지기 때문이다.

평소와 다른 것은 수업의 내용이다. 수학 여행지가 오래된 성인 경우 수업의 내용은 그에 맞게 주로 성의 역사와 프랑스의 역사, 성이 건축된 당시의 역사적 사건과 인물들로 이루어진다. 뛰어난 건축물일 경우 건축 양식에 대해서도 배운다.

책에서 읽거나 사진으로 보는 것과 달리 현장에서 보고 듣게 되는 이러한 지식은 아이들에게 오래 기억되고 재미와 호기심, 지적 욕구를 발생케 한다.

프랑스인들은 미술 공부를 해라, 음악 공부를 해라는 말을 하기 보다는 아이들을 유명한 그림이 전시되어 있는 박물관이나 전시회장, 공연장, 체험장들을 방문하게 함으로써 아이들 스스로 경험하고 공부하고 싶은 열정을 가지게 한다.

프랑스는 어린이 연극이 열리는 곳도 많고, 유치원이나 동네에서 어린이 연극을 초청하는 횟수도 많다. 이러한 교육을 받고 자란 프랑스 아이들은 축제나 파티에서 스스로 기획과 연출을 맡고 의상을 정해 가장 무도회에 참석하는 것을 즐긴다.

이러한 프랑스 아이들이 창의력과 예술적 감수성을 꽃피워 프랑스를 문화 대국, 예술의 고향으로 만들어 나가고 있는 것이다.

통합 학습으로
종합적인 능력을 키운다

미국 대학에 입학하기 위해서는 한두 가지만 잘해서는 입학할 수 없다는 것을 잘 알고 있다. 아이비리그 대학에서는 SAT 만점을 받고도 떨어지는 지원자가 부지기수일 정도이다. 이것은 학습 능력만 뛰어난 학생이 아니라 고교 내신과 SAT 등 스펙을 잘 관리해야 하는 것은 기본이고 봉사 활동과 과외 활동, 운동 경험이나 악기 다루는 재능 등 여러 가지가 합쳐져 우수한 평가를 받을 때 입학이 가능함을 알려준다.

그야말로 다양한 분야에 재능과 관심을 가지고 있고, 사회 활동도 열심히 한 학생을 미국의 대학은 원한다. 그렇다면 왜 이렇게 과외활동을 중시하는 것일까? 미국이 원하는 인재는 공부만 잘하는 모범생이 아니라 통합 학습으로 종합적인 능력이 있는 학생, 다양한 활동을 통해 폭넓은 지식을 가진 인재를 원하기 때문이다.

미국의 교육은 처음부터 개별적인 학습은 존재하지 않는다. 모든 수업은 유기적으로 연결되어 아이들이 저절로 다양한 분야에 관심을 갖게 하고 종합적인 학습을 하도록 짜여 진다.

우리나라의 경우 영어 수업 시간의 학습 내용과 역사 수업 시간의 학습 내용은 연관성이 없다. 영어 시간에는 인사말을 배우고 역사 시간에는 고조선에 대해 배운다. 그러나 미국의 교육은 다르다. 영어, 수학, 과학, 역사 등의 과목을 개별적으로 공부하지 않고 이 모든 과목을 연결하여 통합학습을 실시한다.

예를 들어 역사 시간에 미국의 제16대 대통령 에이브러햄 링컨에 대해 읽고 연구하였다면 미술 시간에는 링컨의 모습이나 성격을 나타내는 그림을 그리거나 흉상을 만드는 식으로 진행된다.

이러한 과정을 통해 단순히 링컨의 업적을 외우는 것이 아니라 링컨의 생애를 통해 자신의 가치관을 확립하게 되고 나아가 자신이 어떠한 삶을 살아야한다는 생각까지 가지게 된다.

또 체육 시간에 질병에 대해 공부했다면 그날의 숙제는 직접 새로운 약을 만들어오라던가, 약에 대한 광고를 만들어오라는 등 통합적으로 접근한다.

교육하고자 하는 내용에 친근하게 접근한다는 것도 미국 교육의 장점이다.

숫자 공부를 하기 위해 1에서부터 100까지 쓰거나 외우라는 요구를 아이들에게 하지 않는다. 먼저 숫자를 이용한 퍼즐이나 몸으로 숫자 만들기 등의 놀이를 한다. 몸으로 숫자 만들기 놀이는 자연스럽게 무용 시간이 되고 아이들의 신체 발달까지 병행하게 한다. 암기를 통해 외운 숫자는 시간이 지나면 잊혀져서 다시 외워야 하지만 이렇게 배운 숫자는 잊혀지지 않는다.

음악 시간에는 아이들이 즐겨 부르는 동요나 만화 주제가의 멜로디에 숫자를 넣고 개사하여 부르거나 '도, 레, 미, 파. 솔, 라, 시, 도'의 계이름 대신 '1, 2, 3, 4, 5, 6, 7, 8' 등으로 바꾸어서 노래하고 영어 시간에는 숫자를 연상할 수 있는 동화책을 읽어 준다.

"동굴에서 곰은 계속 나왔어요. 한 마리, 두 마리, 세 마리……."

이러한 학습을 통해 어느 정도 아이들이 숫자에 익숙해졌다고 판단되면 숫자를 쓸 수 있는지 받아쓰기 테스트를 하고 역사 시간에는 수의 기원에 대해 배운다. 아라비아 숫자가 어떻게 생기게 되었으며 어떻게 변천되었는지 등등에 대해서 다룬다. 또한 우리가 말하는 1월, 2월…12월을 인디언들은 어떻게 표현하는지 인디언 달력을 놓고 공부하기도 한다.

1월을 아리카족은 마음 깊은 곳에 머무는 달이라고 하는 반면 수우족은 추워서 견딜 수 없는 달이라 하며, 2월을 위네바고족은 물고기가 뛰노는 달이라 하고 체로키족은 홀로 걷는 달이라 한다는 것을 배운다. 더불어 월(月)을 숫자가 아닌 말로 표현하는 인디언들의 문화와 풍습을 배워나간다. 단순히 숫자만 공부하는 것이 아닌 것이다.

미국 교육의 또 하나의 특징은 독서 교육과 통합되어 있다는 점이다. 그래서 수학, 과학 과목보다 독서와 작문 등을 더 중시한다. 수학, 과학도 단순히 계산하는 데 초점을 두는 것이 아니라 문제의 요점을 파악하는 이해력과 독해력을 더 중시한다.

미국의 어린이들은 시간을 정해놓고 매일매일 책을 읽으며, 학부모가 이를 확인한다. 그리고 학부모가 확인한 자녀의 독서 진도는 학교로 제출된다.

　이같은 통합 교육의 장점은 아이들에게 지루함을 주지 않으면서도 여러 가지 사고를 할 수 있는 계기를 마련한다. 나아가 나무보다는 숲을 보게 하는 넓은 안목을 형성할 수 있는 틀을 마련해준다.

리더를 키운다

영국에서 자란 아이들에게 "반에서 누가 공부를 잘하니?"라고 물으면, 아이들은 이렇게 대답한다.

"수학은 토마스가 잘하고요, 달리기는 제임스가 잘해요. 그림은 우리 반에 있는 엘리자베스가 전교에서 제일 잘 그려요. 그리고 노래는요……"

아이들의 대답을 들으면 영국의 교육은 성적 위주의 교육이 아니라 다방면의 교육을 중히 여긴다는 것을 알 수 있다.

유럽의 나라들 중 가장 대학 진학률이 낮은 나라, 고등학생이 대학에 진학하는 비율이 30%도 안 되는 나라, 그 나라가 바로 영국이다. 이렇게 대학 진학률이 낮은 것은 대학에 진학하고, 진학하지 않고는 그 사람이 살아가는 데 크게 영향을 받지 않기 때문이다.

영국의 학교들은 공립학교, 사립학교, 특수 공립학교인 그라마 스쿨(Grammer School) 등으로 나눠지는데, 사립학교에 진학하지 않는 한, 대학교까지 정부가 전액 지원한다. 사립학교는 그 유형이 다양하고 교육비가 비싼 특징이 있다. 그래서 영국에는 유명한 사립학교들이 많다.

그 중 하나가 바로 1572년에 개교한 해로우 스쿨(Harrow School)이다. 영국 수상을 지낸 처칠, 시인 바이런을 비롯하여 후세인 전 요르단 국왕, 네루 전 인도 수상도 이곳의 학생으로, 이튼 스쿨과 함께 영국의 2대 명문으로 꼽힌다. 해로우 스쿨이 일부 귀족 자제들을 위한 학교라는 비판도 있지만 여전히 해로우 스쿨은 학부모들이 자녀를 보내고 싶은 학교이다.

해로우 스쿨이 자녀 교육의 최상 학교중 하나로 꼽히는 이유는 리더를 배출한다는 해로우 스쿨의 교육 방침과 무관하지 않다.

"학생들이 스스로 생각하고 깨우치게 해주는 게 해로우 스쿨의 교육방식이다."라는 말처럼 이곳의 수업은 모두 연구 위주로 진행되어 학생들이 스스로 공부하고 사고의 범위를 넓히도록 하고 있다.

또한 해로우 스쿨은 학생에게 학교 공부만 하라고 강요하지 않는다. 학생들이 각 분야의 리더가 되기 위해서는 다양한 경험을 쌓는 것이 중요하다고 한다.

이를 위해 해로우 스쿨은 학생들에게 2~3개의 스포츠 및 예술 활동을 장려하고 있다. 학생들이 원하기만 하면 언제든지 스포츠를 즐길 수 있도록 학교 내에 테니스장, 수영장, 승마장을 비롯해 럭비구장과 골프코스까지 마련해 놓고 있을 정도다. 천연 잔디구장만 8개에 인조 잔디구장이 2개 등 해로우 스쿨의 스포츠 관련 시설은 매우 방대하다. 그래서 학교 투어를 하는 데만 하루를 소모해야 할 정도이다.

해로우 스쿨이 이처럼 많은 방대한 시설을 갖춘 것은 '성공한 인생에 이르는 길은 한 가지가 아니다. 우리는 학생들에게 한 가지 길을 권유하지 않는다. 학생에게 적합하지 않는 것을 학교가 판단하고 배제하기보다는 학생 스스로 선택하게 하며 학생만의 독특한 강점과 재능을 강화시켜줌으로써 각 분야의 리더가 되도록 하는 것이 중요하다.'라는 교육 방침 때문이다.

이 같은 교육 환경은 학생들에게 한 가지만을 잘해서는 리더가 될 수 없다는 인식을 가지게 한다. 공부는 스스로 하는 것이고 공부만큼 예술과 스포츠 등 다양한 방면에 관심을 가지고 경험하는 것이 중요하다는 것을 해로우 학생들은 알고 있다.

이러한 해로우의 교육 방침이야말로 해로우를 세계적으로 유명하게 만든 요인이라고 할 수 있다. 그리고 21세기 들어 영국이 문화강국으로 우뚝 설 수 있었던 밑거름이 되고 있다.

비단 해로우 스쿨뿐만이 아니다. 영국 학교에서 체육은 필수 과목으로, 의무적으로 하루에 2시간 정도는 체력을 단련해야 한다. 그리고 비가 많이 내리고 우울한 영국 날씨를 고려해서 실내외, 주·야간을 가리지 않고 할 수 있는 운동경기 시설들이 학교에 다양하게 갖춰져 있다.

한달 반 정도의 방학 기간 동안 학교 숙제라고는 책 두어 권 정도 읽어오라는 것이 고작이다. 숙제가 적은 이유 또한 청소년기의 아이들이 숙제나 학업에만 매달리지 말고 많은 것을 경험하라는 의도이다. 학과 공부 외에 다양한 과외 활동을 중시함으로써, 체력 향상과 정서 발달을 중시한다.

영국의 부모들은 자녀를 리더로 키우기 위해서 많은 경험을 해야 함을 강조한다. 그래서 생태공원이나 실험장들을 방문하게 함으로써 아이들 스스로 경험하고 공부하고 싶은 열정을 가지게 한다. 그래서 식물원이나 생태공원에 '들어가지 마시오.' '손대지 마시오.'와 같은 금지어가 쓰인 푯말을 보기 힘들다.

다양한 경험을 한 아이들일수록 선택의 폭이 넓어지고 사고의 깊이가 생기며 재능을 발견할 기회를 많이 가지게 된다. 여러 활동을 골고루 접하고, 이를 경험하고 성취감을 느껴갈 수 있다면 아이 스스로 공부가 재미있어질 것이며, 행복감도 느낄 것이다.

우리가 배우고자 하는 모든 것들은 따로 독립되어 있는 것이 아니라 다른 분야와 유기적인 관계를 맺고 있으므로 아이가 골고루 경험하도록 하는 것이 바람직하다. 자녀의 학습 능력을 키워줄 때에도 특정 지식을 가르치는 것도 중요하지만 넓은 안목과 시야를 가지도록 도와줘야 할 것이다.

자연 속에서 오감을 발달시킨다

유치원의 발상지인 어디일까? 바로 독일이다. 그리고 이 독일의 유치원중 유명한 것이 바로 '숲유치원' 이다.

독일의 숲유치원은 "어린이들이 숫자와 글자가 아닌 자연 속에서 뛰어놀게 하라."는 유명한 유아교육학자 프리드리히 프뢰벨의 교육 철학을 따르고 있다.

그래서 유치원엔 장난감도 컴퓨터도 없다. 오로지 숲유치원에서 흙, 나무, 꽃과 지내며 친구끼리 뛰어놀며 지낸다. 연구 조사 결과 이렇게 숲에서 지낸 아이들은 일반 시설의 유치원 아이들보다 창의력, 사회성, 인내력 등이 더 뛰어난 것으로 밝혀졌다.

독일의 숲은 울창하기로 유명하다. 도시는 숲에 둘러싸여 있으며 도시를 벗어나면 밀이나 보리가 심어진 잘 정돈된 벌판과 울창한 숲을 볼 수 있다.

독일은 이러한 숲을 아이들의 자연학습장으로 활용하고 있다. 특히 독일에는 '반더 탁(Wander Tag)'이라고 하는 '걷는 날'이 있는데, 아이들이 숲 속을 자유스럽게 걷고, 숲 속에서 자라는 나무와 풀들의 모습을 보고 만지고 체험하는 날을 말한다.

숲을 걷는 날이 따로 있을 정도로 숲을 산책하는 일을 중요한 교육으로 생각하는 독일의 아이들은 보통 유치원 때부터 숲길을 산책한다. 그것도 짧은 시간이 아니다. 초등학생의 경우 4시간 이상 걷는 것이 기본이다. 이 때 아이들은 숲길을 걸으면서 선생님과 같이 이야기를 나누기도 하고 다음 미술 시간에 재료로 사용할 나뭇잎도 줍기도 한다.

바닥에 떨어진 나뭇잎을 주우며 아이들은 자유롭게 선생님에게 질문을 한다.

"왜 나뭇잎의 모양은 제각기 달라요?"

그러자 옆에 있던 아이도 나뭇잎 하나를 살랑살랑 흔들어 보이며 묻는다.

"선생님, 이 나뭇잎은 어떤 나무에서 떨어진 거예요?"

선생님은 아이에게 해답의 나무를 가르쳐 주지 않고 이렇게 말한다.

"왜 그런지 누가 이야기해볼래?"

어느새 아이는 손에 든 나뭇잎을 가지고 여러 나무에 가져다 보며 나뭇잎의 주인을 찾느라 한창이다. 아이들이 스스로 답을 찾게 하여 아이들의 호기심을 차단하는 우를 범하지 않고 자연과 친해질 기회를 제공한다.

"여러분, 이 숲에서는 어떤 냄새가 풍기나요?"

잠시 후 선생님은 아이들에게 질문을 던지고 아이들은 선생님의 말에 일제히 코로 나뭇잎의 향기를 맡는다.

"흙 냄새가 나요."

"나무 냄새도 나요."

"이끼 냄새도 나요."

대답은 제각각이지만 선생님은 어느 것이 정답이라고 말하지 않는다. 아이들이 숲의 향기를 맡고 느끼는 게 중요한 것이기 때문이다.

숲에서는 굳이 선생님이 아이들의 호기심을 자극하지 않아도 신기한 것이 사방에 깔려 있다. 아이들은 숲에서 새롭고 재미있는 것들을 발견한다.

"선생님, 나무 구멍 속으로 개미들이 숨어버렸어요."

아이들은 커다란 나무 구멍 사이로 개미들이 줄맞추어 들어가는 모습이 신기한 듯 바라본다. 여러 명의 아이들이 나무를 둥그렇게 둘러싸고 구멍 속에서 개미들이 다시 나오기를 숨죽여 기다린다.

이처럼 독일의 아이들은 숲 속에서 교실에서는 배울 수 없는 살아있는 자연을 배우며 자연과 조화로운 생활을 하는 방법을 자연스럽게 익혀간다. 또한 숲은 아이들에게 놀이터와 놀잇감을 주며 감각 능력과 지적 호기심, 상상력을 키워주는 곳이 된다. 생명의 소중함과 삶과 죽음 등 자연의 지혜를 가르쳐주는 곳이기도 하다.

숲 속에 있는 나무나 새들이 산소와 햇빛, 물 등의 자연 요건에 의해 인간의 손을 거치지 않고도 잘 자라나듯 아이들 역시 숲이라는 자연 요건 속에서 지혜를 배우고 세상을 배울 수 있다고 독일인들은 믿고 있다.

특히 아이들의 오감을 자극하고 발달시키는 데에는 숲에서 이루어지는 자연 교육 만큼 좋은 것이 없다고 독일인들은 생각한다. 자연 속에서 아이들은 누가 시키지 않아도 만지고, 느끼고, 보고, 냄새 맡고, 듣는다. 오감의 자극은 뇌와 정서를 발달시켜 지적 발달과 감성의 발달, 육체의 발달을 골고루 이루는 효과를 거둔다.

독일을 대표하는 작곡가인 베토벤 또한 어린 시절 숲 교육이 위대한 음악가가 되는데 큰 영향을 미쳤다. 베토벤의 아버지는 성격이 비뚤어지고 술 주정이 심했는데, 겨우 네 살이던 베토벤에게 하루 8시간이나 연주 연습을 시킬 정도로 엄격했다. 궁중 요리사 출신이었던 그의 어머니는 음악에 대해서는 잘 몰랐지만, 자상하고 세심하게 베토벤을 양육하였다.

베토벤의 집안은 넉넉하지 못해서 체계적인 교육을 받지 못했는데, 그의 어머니는 시간이 날 때마다 베토벤을 숲으로 데리고 나갔다. 울창한 숲으로 데리고 가서 자주 대화를 나누었다. 자연과의 교감과 어머니와의 대화는 베토벤의 오감을 키워주었고 어려운 가정환경을 극복하고 음악 창작의 밑거름이 되어 주었다.

이처럼 숲은 아이들이 마음껏 뛰어 놀 수 있는 장소이며 자연과의 교감으로 정서를 안정시키고 감성을 자극하는 요건을 갖추고 있다.

숲이라는 교육 현장을 독일인들은 적극적으로 활용한다. 1969년 독일 최초의 국립공원으로 지정된 바이에른의 바이에리셔(Bayerischer) 산림국립공원은 중부 유럽에서 가장 큰 자연림으로 아이들을 위한 주제별 학습로가 만들어져 있다. 주제별 학습로는 동물 마크로 표시되어 있으며 이것을 따라 움직이면 통로가 나오게 되어 있다.

이곳에서는 6~10세를 대상으로 많은 교육 프로그램을 진행한다. 거울, 솔방울, 물컵, 청진기, 자, 필름통 등 실험도구를 가지고 살아있는 숲 속의 생물들을 관찰하는 것을 물론 나이테로 나무의 나이를 알아보기도 하고 수령에 따라 나무가 어떻게 변화하고 있는지 관찰하기도 한다.

프로그램 중에서 아이들에게 가장 인기 있는 것은 안대로 눈 가리고 자연물을 느껴보는 놀이다. 아이들은 프로그램 지도자가 주는 안대를 받아 자신의 눈을 가리고 숲 속에서 발견되는 다양한 물건을 만져보고 냄새를 맡아보면서 무엇인지를 맞추는 놀이를 한다. 이 안대 놀이는 도시화로 점점 퇴화되어가는 아이들의 다양한 감각을 살아나도록 깨워주고 발전시킨다.

지도교사는 아이들이 숲에 오를 때 숲에서 가장 마음에 드는 것을 가지고 올라오게 한다. 그리고 숲에서 내려갈 때는 가지고 온 물건을 다시 원래 자리에 갖다놓게 한다. 공원이나 숲에 있는 것들은 마음대로 가져갈 수 없다는 것을 가르치기 위해서이다. 이를 통해 아이들은 자연스레 숲을 지키기 위해서 자연을 훼손하지 않고 지키는 법을 배우게 된다.

독일의 유명한 '검은 숲(Black Forest)'이 한 때 고속도로가 될 뻔한 위기 속에서 지켜질 수 있었던 것은 이러한 교육을 받고 자란 주민들의 반대때문이었다. 주민들이 자신의 아이들에게도 자연이 주는 교육을 시키고 싶어했음은 물론이다.

현재 검은 숲은 작은 숲, 넓은 초지, 습지, 작은 개울, 잘 익은 딸기와 들꽃, 과실수 등이 가득한 살아있는 교육장으로 활용되어 아이들을 즐겁게 하고 있다.

아이들의 즐거운 놀이터이자 어른들의 산책길이며 무궁무진한 학습의 도구가 되는 숲과 자연. 독일의 부모들은 숲에서 뛰어 노는 아이들을 보면서 그들의 밝은 미래를 떠올린다.

견학을 통해
더 넓은 세상을 본다

전 세계적으로 상품 가치를 인정받고 있는 일본의 전자제품과 자동차. 그들의 경쟁력은 어디서 오는 것일까? 사람들은 일본 제품의 특징을 소비자 입장에서 바라본 설계라고 한다. 사용자들의 편리를 위한 세심한 배려가 세계 시장에서 일본 상품이 인정받는 가장 큰 이유라는 것이다.

세계적인 상품뿐만이 아니라 평범한 일상생활 제품이나 음식을 만들 때에도 최선을 다한다. 대를 이어 60년을 내려오는 라면 가게라든지, 제과점 등은 가게의 규모랑 상관없이 집안의 자랑거리이며 일반인들에게도 존경을 받는다.

이러한 사회풍토는 교육에서도 드러난다. 유난히 현장학습을 강조하는 일본의 유치원과 소학교. 그러나 그들의 현장학습은 우리나라의 초등학교나 유치원에서도 분기별로 시행되는 현장학습이나 견학과는 차원이 다르다.

우리나라의 현장학습이란 놀이동산이나 민속촌, 여름에는 수영장, 겨울에는 눈썰매장에 가는 것이다. 가끔 박물관이나 전시관 견학을 간다 해도 몇 십 명이나 되는 아이들을 한데 모아 놓고 줄 서서 눈으로 한번 돌아본 후에 점심 먹고 돌아오는 것이 대부분이다. 제대로 된 관람은 커녕 뒤에서 기다리는 아이들 때문에 앞으로 나아가기 바쁘다.

그렇다면 일본의 현장학습은 우리나라와 어떻게 다를까?

일본의 현장학습은 장소부터 우리나라와 차이를 보인다. 일본의 현장학습 장소는 화려하거나 유명한 곳, 시설이 잘된 곳만을 선택하지는 않는다. 대신 학급의 학부모가 운영하는 제과점이나 오래 전에 학교를 졸업한 동문의 칫솔 공장, 도시 외곽에 있는 작은 사슴 농장 등등 일상적인 곳을 주로 선택한다.

조그만 가게에 스며있는 장인 정신을 배우고, 보다 좋은 물건이나 음식을 만들어내기 위해 노력하는 모습을 보는 것이 박물관을 찾는 것만큼 중요하다고 생각한다.

일본인들은 작은 가게라도 대를 잇는 것을 당연히 여긴다. 그래서 아이비리그 대학에서 공부를 하고 온 명문대생이 아버지가 운영하던 국숫집에서 일하기도 한다. 이것은 장인에 대한 국민들의 신뢰와 존경이 있기에 가능한 것이다.

일본의 한 초등학교는 3대째 운영되고 있는 제과점을 찾아가 현장 학습을 한다. 아이들은 그곳에서 빵을 만드는 과정을 직접 눈으로 보고 빵을 시식하며 유명한 제과점이 될 수 있었던 이유를 제과점 사장에게 듣는다.

"처음에는 이런 빵을 만드는 기계들이 전혀 없었단다. 밀가루를 치대고 단팥빵에 넣을 앙금을 만들고 빵을 굽는 것까지 모두 내가 직접 했었지. 일할 사람을 쓸 수 있는 형편도 아니었어. 매일 아침 6시와 오후 4시에는 새로 구운 빵이 나와야 했단다. 손님들에게 내가 한 약속이었으니까. 나는 그 시간을 지키기 위해 매일 새벽 4시면 하루도 어김없이 문을 열고 빵을 만들었지……."

나이가 지긋한 사장인 할아버지의 이야기를 들은 아이들은 고객과의 약속을 지키기 위한 할아버지의 노력을 통해 약속이 갖는 중요성과 성공 비결을 알게 되고 장인정신과 기업정신이 무엇인가를 생각하게 된다. 이러한 일본의 현장 학습이 근면 성실한 일본인들을 배출하고, 소비자들을 배려하는 제품을 생산하게 만든다.

또한 일본의 현장 학습은 타인을 배려하고 이해하는 학습의 장이기도 하다. 도쿄시 외곽에 위치하고 있는 한 초등학교에서 한 달에 한 번씩 이루어지는 현장 학습은 나와 다른 환경과 입장의 사람들의 생활을 체험할 수 있게 하고 있다.

장애기관이나 유아 보육기관을 방문하는 것 등이 그 예이다. 재활치료중인 장애우들의 운동을 도와주거나 휠체어를 밀며 산책을 다녀오는 등의 자원봉사를 통해 아이들은 장애우의 불편을 이해하게 되고 장애우를 나와 함께 살아가는 이웃으로 받아들이게 된다.

이러한 경험들은 아이의 가치관을 넓혀주며 남과 함께 살아가는 삶의 기쁨을 알게 한다.

- 장점에 주목하라

"와, 우리 성국이는 노래를 정말 잘하네."

"성국이는 이불을 참 잘 정리하는구나."

사람은 누구나 장·단점을 가지고 태어나며 잘하는 것이 있는 만큼 못하는 게 있다. 비단 공부에 초점을 맞추지만 않는다면 아이가 잘하는 일이나 장점에 주목하는 것은 어려운 일이 아니다.

아이들의 장점을 키워주려면 부모의 칭찬이 중요하다. 비록 사소한 일일지라도 매일매일 칭찬을 받는 아이들은 자신감이 생기게 되고 자신을 사랑하게 된다. 그러한 자신감은 다른 일이나 공부에도 영향을 미쳐 아이의 잠재력을 활성화시키게 될 것이다.

- 자연의 경험을 학습으로 이어간다

콘크리트로 가득 찬 도심에서 자라나는 요즘 아이들은 자연을 벗 삼기보다는 컴퓨터에 빠져 지내기 쉽다. 이런 아이들을 보면 자칫 생명의 소중함을 배우지 못하고 물질적 가치만을 아는 사람으로 성장하지 않을까 걱정하는 부모들이 많다. 최근 들어 주말 농장이나 자연학습장 등 자연과 함께 할 수 있는 교육환경과 시설들이 늘어나는 것도 이 때문일 것이다.

도시에서 아이들에게 자연을 체험하게 하기란 그리 쉬운 일이 아니다. 주변의 자연환경이 열악한 탓도 있지만 부모나 아이들 모두 바빠 좀체 시간을 낼 수 없는 것도 그 이유가 된다.

그렇다면 가까운 곳에서 아이들에게 자연을 배우게 할 방법은 없는 것일까? 사실 자연은 그리 거창한 것이 아니다. 깊은 산이나 넓은 바다, 한적한 시골을 찾지 않더라도 자연은 우리 곁에 있다.

집에서 키우는 화분에서도 아이들은 자연을 느낄 수 있으며, 집 근처 공원에서도 배울 건 많다. 양파를 물 컵에 기르게 하고 식물이 자라는 모습을 기록하게 할 수도 있고, 집 앞 공원의 꽃을 관찰하게 할 수도 있다.

"엄마 이건 무슨 꽃이에요?"

"그 꽃은 진달래란다. 예쁘지? 진달래는 봄에 피는 꽃이야. 꽃잎이 몇 개인지 영진이가 세어 볼래?"

이렇게 아이가 자연과 친해지도록 한 후 집에 돌아와서 자연도감을 보여준다던지 인터넷을 통해 진달래에 대한 자료를 같이 조사한다면 다양한 학습이 이루어질 수 있다.

『탈무드』에는 이 세상에서 가장 가엾고 불행한 사람은 자신에 취해 자기만 의식하는 사람이라고 적고 있다.

유태인들은 남을 배려하지 못하고 남을 생각하지 못하는 사람은 이 세상에서 가장 불쌍한 사람이라고 여긴다.

진정한 자녀 교육의 첫 걸음은 바로, 자녀의 인성 교육이다. 아이들은 나무와 같다. 정성스럽게 씨를 부리고 가꾸어야만 거목으로 성장할 수 있다.

눈앞의 성과보다는 앞으로 아이들이 어떤 인간으로 성장해 어떤 시민이 될 것인가를 생각하며 교육의 방향을 설정해야 한다. 아이들의 미래가 곧 국가와 인류의 미래이기 때문이다.

세계의 리더로 키우는 인성교육

파리의 어린이는
울지 않는다

'파리의 개는 짖지 않고 어린이들은 울지 않는다.'

이는 프랑스 부모들의 엄격한 자녀 교육을 두고 하는 말이다. 세계에서 가장 자유를 소중히 하는 민족이라고 알려진 프랑스인들. 프랑스의 부모들은 평소에는 한없이 부드럽고 자녀들에게 친구같은 존재이지만 아이들이 질서를 지키지 않거나 잘못을 저질렀을 때에는 엄격하기로 유명하다.

아이들의 인격은 존중하지만 기본적인 예의와 질서를 지키지 않을 때에는 용서가 없다. 심지어 공원이나 길거리에서 자녀를 때리는 부모들도 볼 수 있을 정도다. 무조건 아이를 달래기에 급급하거나 아직 어리다는 이유로 공공장소에서 타인에게 불편을 끼쳐도 내버려두지 않는다.

그들은 아무리 어린 아이라고 하더라도 자녀의 지나친 요구를 받아들여주질 않는다. 예를 들어 식탁에서 어른이 음식에 손을 대기 전에 아이가 먼저 손을 대었을 때에도 엄하게 나무란다. 이처럼 프랑스인들이 자녀 교육에 대해 엄격한 이유는 자녀 교육의 우선 책임자는 부모라고 생각하기 때문이다.

또한 프랑스인들이 아이들에게 다른 사람들과 '함께 살기(vivre ensemble)'에 대해 우선적으로 가르친다. '함께 살기(vivre ensemble)'는 공립 유치원에 다니는 프랑스 어린이들을 가르치기 위해 프랑스 교육부가 작성한 교육 강령에서 첫 번째를 차지하고 있는 항목이다.

'함께 살기(vivre ensemble)'의 교육 과정에는 자신의 의견 말하기와 남의 말 듣기, 거짓말 안 하기 교육이 주를 이루고 있다. 프랑스인들은 이러한 교육이 공동체 생활의 기본이라고 생각한다.

특히 거짓말에 대한 프랑스인들의 교육은 철저하다. 어려서부터 작은 거짓말을 하다보면 거짓말이 습관이 되어버릴 수 있기 때문이다.

프랑스인들은 거짓말 한 아이들을 꾸짖을 때 아이들에게 죄의식을 심어주기 않도록 하기 위해 거짓말이라는 단어 대신 이야기를 꾸며낸다는 말을 사용한다. 기독교 문화에 속한 프랑스의 경우 거짓말이란 죄악으로 분류되기 때문에 자칫 거짓말이라는 단어를 사용할 경우 아이들이 충격을 받을 수 있기 때문이다.

그러나 프랑스인들은 아이들에게 무조건 '거짓말을 하지 마라.'는 식의 교육을 하지 않는다. 프랑스인들은 아이들에게 거짓말이 나쁘다는 교육을 재미있는 동화나 우화를 통해 가르친다.

거짓말을 하면 나쁜 일이 일어나는 내용의 동화나 우화를 아이들에게 들려줌으로써 아이들에게 거짓말이 나쁜 일이며 거짓말을 하면 안 된다는 사실을 알게 하는 것이다. 거짓말을 할 때마다 코가 길어지는 피노키오, 거짓말을 하면 목을 조이는 목걸이 이야기 등을 읽어 줌으로써 아이들에게 효과적인 거짓말 교육을 실현시키고 있다.

프랑스인들의 거짓말 안 하기 교육은 아이들이 초등학교에 입학할 나이가 되면 더욱 강화된다. 아이들이 초등학교에 입할할 나이가 되면 거짓말이 나쁜 행동이라고 정확하게 인식하고 있는가 하면 자신이 꾸며낸 말이나 사소한 거짓말이 잘못된 행동이 아니라고 생각하는 경우도 있다. 이 경우 프랑스인들은 아이들에게 거짓말은 도둑질과 같은 행동이라고 가르친다. 이를 통해 아이 스스로의 거짓말이 부끄러운 행동임을 느끼게끔 교육한다.

프랑스인들은 아이들이 질서나 예의에 어긋난 행동을 할 경우 부모가 꾸짖기 보다는 아이 스스로 부끄러움을 느끼게 하여 다시는 그런 행동을 하지 않도록 교육하고 있다.

남을 배려할 줄 아는
성숙한 아이로 키운다

섬나라 영국하면 가장 먼저 떠오르는 것이 뭘까?

신사, 축구, 셰익스피어, 해리 포터, 타이타닉호, 여왕, 청교도, 시민혁명, 해가 지지 않는 나라 등등 여러 가지가 있지만 역시 가장 먼저 떠오르는 것중 하나가 양복을 입고 중절모를 쓴 영국의 '신사(紳士, gentleman)'이다.

원래 '젠틀맨(gentleman)'이라는 말은 신분적 의미가 강했으나 현대에 이르러서는 예의를 갖춘 일반 영국 남자들을 통칭하는 말로 쓰인다. 우리가 일반적으로 기사도라고 말하는 것이 바로 신사도로, 신사도란 남을 배려하고 예의범절이 바르며 약한 사람을 보호할 줄 아는 사람을 말한다.

이러한 신사도는 영국인들의 생활 깊숙이 자리잡고 있다. 신사도를 가지고 있어야만 올바른 인격을 형성한 사람이라고 영국인들은 생각한다. 따라서 영국인들은 신사도에 대해 아주 어려서부터 교육을 받는다.

영국의 한 초등학교에서 있었던 일이다.

수업 시간이 끝나고 쉬는 시간이 되자 몇몇 아이들이 교실 문을 잡기 위해 경쟁했다. 언뜻 보면 서로 먼저 밖에 나가려는 것처럼 보이지만 사실은 반 아이들이 편하게 나가도록 문을 잡아주기 위해서였다. 친구들에게 기사도를 발휘하고 싶어서 쉬는 시간마다 그렇게 교실문을 잡아당겼던 것이다.

보통 영국의 아이들은 두 살이 넘으면 친구들과 어울리게 되는데 이때부터 아이의 연령에 맞는 질서와 예의 교육이 시작된다.

처음에는 친구들 간의 장난감을 가지고 노는 순서를 정한다거나 놀이기구 이용 순서 정하기, 차례 지키기를 가르치며 아이가 자랄수록 다른 사람에게 양보하기, 도움주기 등 그 범위를 점점 넓혀 나간다.

질서 못지 않게 영국인들이 중요하게 생각하는 것이 예의범절이다. 사실 영국의 예절의 범위는 상당히 넓으며 또한 엄격하다.

우리나라 사람들은 차(茶)하면 중국을 떠올리지만 유럽에서는 영국을 먼저 떠올린다. 영국에 사는 외국인들은 차문화가 발달한 영국인들을 보면서 '차를 왜 이렇게 자주 마실까?' 생각할 정도이다.

그들은 아침 식사 때 차를 마시고 11시쯤 브레이크 때 토스트 한 조각과 차를 마신다. 점심을 먹은 다음 디저트와 함께 차를 마시고 오후 4시쯤 간식을 먹으면서 차를 마신다. 저녁식사 후에도 차를 마시고 잠들기 전에는 몸을 따뜻하게 하기 위해 차를 마신다.

아이들도 마찬가지다. 어른들처럼 자주 마시지는 않지만 적어도 하루에 한두 번 정도는 부모와 함께 차를 마신다. 이 시간을 통해 영국인들은 아이들과 대화를 나누고 예절을 가르친다.

"차를 마실 때에는 향을 맡으면서 천천히 마시는 게 좋아. 차에는 깊은 향과 맛이 있거든."

"찻잔을 내려놓을 때는 소리가 나지 않게 하렴."

차를 마시며 배우는 이러한 가르침은 영국 아이들을 예의 바르게 자라도록 한다. 또한 차를 마시면서 아이의 잘못을 지적하기도 한다.

"친구를 괴롭히는 것은 옳지 않은 행동이란다."

차를 마시면서 조용히 아이의 잘못을 말하는 것은 매를 들고 야단치는 것보다 훨씬 효과적이다.

이처럼 신사도가 생활화된 영국인들은 자녀가의 식사 예절을 중시하며 사회규범에 어긋나는 행동을 했을 때나 다른 아이들에게 피해를 주는 행동을 했을 때 엄하게 꾸짖는다. 공부를 잘하느냐 못하느냐는 개인 차가 있을 수 있지만 법과 질서를 지키는 데는 개인 차가 있을 수 없다고 생각하기 때문이다.

물론 우리나라 부모들처럼 영국의 부모들도 자녀가 명문대학에 입학하면 자랑스러워한다. 하지만 공부를 잘해도 예의에 어긋나거나 다른 사람을 배려하지 못하면 성숙한 시민으로 성장할 수 없다는 사실을 알기 때문에 인성교육에 더 높은 가치를 둔다.

집안일을 가르치는 것은 생존을 가르치는 것이다

캐나다에서 교육문제의 해결을 위하여 자주 거론되는 해결방안은 '기본교육으로 돌아가자(Back to Basic).'는 것이다. 여기서 말하는 기본교육이란 학업 수행의 기본인 언어와 수리 능력을 높이는 교육을 뜻한다.

또한 캐나다 가정에서 실천하는 기본 교육이란 아이들이 올바른 시민으로 성장하기 위해 갖춰야할 덕목으로 집안일 스스로 하기와 예의범절 교육이 있다.

캐나다인들은 아이들이 공부를 잘하건 못하건 상관없이 집안일을 꼭 가르쳐야 할 교육으로 생각하고 있다. 그들이 가정교육에 있어서 가장 중요시 하는 것이 바로 자립정신과 독립심이다. 그래서 부모가 모은 재산을 자녀에게 물려주는 일도 드물며, 자녀 스스로가 자기 방을 청소하고, 책상을 정리정돈 하는 것을 당연하게 여긴다.

캐나다인들은 자녀에게 집안일을 가르치는 것이야말로 아이들에게 앞으로 꼭 필요한 지혜를 전수하는 것이라고 생각한다. 캐나다인들은 아이들이 성장할수록 그에 맞게 집안일에도 책임을 가져야 한다고 생각한다. 어른이 된다는 것은 자신이 하고 싶은 일만 하는 것이 아니라 집안에서 자신의 역할을 해야 한다는 말이고 그 한 가지가 바로 집안일이라는 것이다.

이를 가르치기 위해 캐나다인들은 아이들이 아주 어렸을 때부터 집안일을 스스로 하도록 교육시킨다. 침대 정리에서부터 자기 방 청소하기는 기본이다.

아이들이 어느 정도의 나이가 되면 세탁기 돌리는 방법이나 청소기 돌리는 방법을 가르쳐 청소나 세탁도 스스로 하게 한다.

집안의 구성원이라면 누구나 서로 도와 가정 일을 분담하고 도와야한다는 집안 교육은 나아가 아이들에게 자신의 할 일을 남에게 미루지 않는 습관을 가지게 한다.

당연히 해야 될 일이므로 아이들이 집안일을 도왔다고 용돈을 주거나 대가를 지불하는 캐나다인들은 없다. 대가를 지불하는 것보다는 아이들을 한 사람의 가족 구성원으로서 존중해주는 것이 더 큰 교육임을 알기 때문이다.

캐나다인들은 기본적인 예의범절이 사회를 성숙하게 만들고 이웃을 배려하는 마음을 갖게 한다고 믿는다. 예의범절을 통해 아이들이 배우게 되는 도덕성이나 가치관은 지식의 습득으로 얻어지는 것이 아니라 일상생활 속에서 보고 배우는 예절에서 나온다고 생각한다. 그래서 캐나다에서는 아주 사소한 일에도 '감사합니다.' '실례합니다.' '미안합니다.' 라는 인사말을 자주 한다. 이러한 말을 자주 하지 않으면 무례하다는 오해를 살 수 있다.

캐나다인들이 아이들에게 가르치는 것들 중 하나는 다른 사람의 배려와 친절에는 당연한 것이 없다는 것이다. 무거운 짐을 들어주는 사람, 문을 열어 주는 사람, 길을 가르쳐 주는 사람 등 다른 사람이 내게 베푼 친절에 감사하는 마음을 가지게 하는 것이 캐나다인들의 교육이다.

한 예로 아들을 성공적인 명사로 키워낸 캐나다의 한 부모는 어려서부터 아이에게 감사 카드를 쓰게 하였다. 감사 카드란 나에게 친절을 베풀어준 사람을 비롯해 나를 집에 초대해준 사람, 내 초대에 응해준 사람 등에게 보내는 편지이다.

보통 이러한 감사 카드의 내용은 의례적으로 흐르기 마련이다. 그러나 이 캐나다인 부모는 어려서부터 아이가 진심이 깃든 감사의 편지를 쓰도록 교육했다고 한다.

이러한 교육을 받은 아이는 다른 사람들을 존중하는 법을 배웠으며 다른 이들의 친절을 당연하게 여기지 않고 사소한 친절과 배려에도 감사하는 마음을 가지게 되었다고 한다.

이러한 마음가짐이 아들을 훌륭한 인격체로 성장시키는 밑거름이 되었다고 이 캐나다인 부모는 믿고 있다. 그녀는 말한다. 아이들을 사려 깊은 사람으로 키우고 싶다면 어려서부터 올바른 예의와 감사의 마음을 가르치라고.

기록하는 습관을 들인다

독일인은 자신들의 역사에 대단한 자부심을 느끼는 민족이다. 하지만 그들도 딱 하나 몹시 수치스러워하는 시간이 있으니 그것은 바로 나치시대에 자행한 홀로코스트다.

많은 독일인들이 그 암흑기와 같은 시대를 잊고 싶어하지만 그와는 반대로 기억의 아픔을 적극적으로 들춰내어 반성하자는 시각을 가지고 있는 것도 사실이다. 그리고 그러한 일들을 가능케 하는 것은 시대의 기록이 왜곡되지 않고 체계적으로 잘 보존되고 있기 때문이기도 하다.

독일의 속담 중에는 '좋은 머리의 기억보다는 뭉툭한 연필의 메모가 낫다.'는 말이 있다. 독일 가정 대부분의 부엌에는 엄마가 하루하루의 계획을 기록해 놓는 커다란 달력이 있다. 그 달력에는 장보러 가는 시간부터 아이의 목욕 시간까지 아주 구체적으로 적혀 있다.

독일 아이들은 이런 엄마의 태도를 어렸을 때부터 보고 배우게 된다. 그리하여 독일 아이들은 학교에 들어가기 전부터 다이어리를 쓰게 된다. 우리나라 아이들이 타의적인 시간표에서 벗어나는 방학 때나 돼서야 자신의 계획을 세워보는 것과는 대조적이다.

독일의 아이들은 이렇게 자신의 삶을 계획하고 정리하며 나아가 그것을 바탕으로 반성하는 것에 익숙하다. 독일에서 철학과 역사학이 크게 발달할 수 있었던 것은 이러한 가정교육의 배경과 무관하지 않다.

독일인들의 국민성이나 문화는 다른 유럽 국가들과 차이가 있다. 특히 인접한 프랑스인들이 감정 표현에 솔직하고 감정적이며 활달한 반면 독일인들은 고지식하고 무뚝뚝한 편이다. 대신 정직하고 신의를 잘 지키는 독일인들은 준법정신이 강하고 허례허식하지 않는다.

또한 독일인들은 자녀들을 통해 대리만족을 하려는 생각을 가지고 있지 않기 때문에 어려서부터 자녀들을 하나의 인격체로 대우한다. 집안에서 아이들의 공간과 부모의 공간을 분리하는 것도 자녀들이 부모에게 의지하지 않게 하고 독립심을 키워주기 위해서다.

독립된 공간을 가지고 자라는 독일의 아이들은 자신만의 공간에서 장난감을 가지고 놀거나 책을 읽거나 자유시간을 가질 수 있지만 그만큼 책임도 따르게 된다. 어려서부터 혼자 식사를 하고 옷을 입는 것은 물론 자신의 방을 청소하고 정리하는 것은 당연한 일이다. 대학 입학 여부나 직업 선택 등 진로조차 자녀들이 스스로 선택하고 결정하게 한다.

이처럼 자녀들의 독립심을 최우선으로 교육하는 독일 부모들이지만 질서와 예의교육만은 철저히 시킨다.

독일의 하늘은 파란 빛보다 우중충한 회색 빛일 때가 더 많다. 이러한 독일의 날씨를 가리켜 유럽 사람들은 흐리고 눈, 비가 자주 내리는 짓궂은 날씨라고 말한다. 그래서 구름이 걷히고 햇빛이 비치는 날이면 독일 사람들은 분주해진다.

날씨가 맑게 개인 날이면 어른이나 아이 할 것 없이 많은 사람들이 동네 놀이터나 공원으로 모여든다. 새들에게 빵이나 과자 부스러기를 던져주는 아이도 있고, 자전거를 타며 즐거워하는 아이도 있다. 날씨가 더운 날이면 강가에서 물장구를 치며 노는 아이들도 만날 수 있다. 더없이 평화롭고 조용한 독일 사람들의 모습이다. 이렇게 편안하고 여유로운 독일인들의 모습은 그들의 철저한 질서의식과 타인을 배려하는 마음이 만들어낸 산물이다.

놀이터에서 자기보다 어린 아이가 놀고 있으면 방해하지 않도록 주의하며, 놀이기구를 탈 때에는 반드시 줄을 서서 차례를 기다린다. 나이가 어린 동생이라고 떼를 쓰거나 형이라고 자기 마음대로 하지 않는다.

자녀가 공공장소에서 고집을 피우며 울면, 독일의 부모는 아이의 입장보다 먼저 다른 사람의 입장을 설명해 준 다음 양보하도록 한다.

"나, 놀이기구 더 탈 거야."

"이제 집에 갈 시간이야. 다음에 와서 타자."

"싫어. 지금 더 타고 싶어."

"너 혼자서 계속 타면 다른 친구들은 탈 기회가 없어지잖니? 그러니까 다른 친구한테 양보하자."

아이가 자신만을 생각하며 하고 싶은 대로 내버려두지도, 무조건 아이를 혼내지도 않는 것이 독일 부모들의 모습이다. 아이에게 차근차근 행동이 잘못된 이유와 그렇게 하면 안 되는 이유, 남에게 줄 피해 등을 이해시켜 같은 상황이 반복되지 않도록 교육한다. 아이에게 아무런 설명 없이 '하지마.' '그렇게 하면 안돼!'라고 말할 경우 아이는 자신의 행동이 왜 잘못됐는지 알지 못하고 같은 행동과 잘못을 반복하게 될 수 있다. 그래서 독일의 부모들은 시간이 걸리더라도 아이가 충분히 이해하게끔 하여 자신의 잘못을 깨닫게 하는 것이다.

독일인들은 이렇게 모두가 함께 질서와 예의를 지킬 때 평화롭고 여유로운 삶을 누릴 수 있으며 사회의 질서도 유지된다고 믿는다. 그래서 독일인들은 자녀가 어릴수록 질서의식과 규칙을 더 엄격히 가르친다.

협동정신을 가르친다

네덜란드는 국토의 25%가 바다보다 낮아 둑이나 댐을 쌓고 풍차로 물을 퍼내어 운하를 건설해 만든 나라이다. 네덜란드의 역사를 간단하게 말하면 '물과의 전쟁' 이다. 그들은 수 백년 동안 간척사업을 하면서 경작지를 확장시켰다. 그렇게 바다를 막아 땅을 넓혀나가는 과정에서 수없이 많은 시행착오와 힘겨운 투쟁을 벌였다. 그러나 그들은 좌절하지 않았으며 끝까지 힘을 모았다.

이렇게 네덜란드 사람들은 국가적인 위기가 닥칠 때마다 자연스럽게 뭉쳤으며 문제를 해결하는데 앞장섰다. 때로는 다양한 이해관계 때문에 문제 해결에 난항을 겪기도 했지만 공동의 과제 앞에서는 냉정하게 해결 방법을 모색했다. 그런 점에서 볼 때 네덜란드는 '스스로 만들어낸 나라'라는 수식어가 잘 어울리는 나라이다.

이러한 네덜란드의 국민성은 그대로 교육에 반영되어 아이들의 자유로운 사고방식에 중점을 두되 협동정신을 강조하는 교육이 이루어지고 있다. 그래서인지 네덜란드의 어린이들은 유난히 협동심이 강하다.

네덜란드의 한 초등학교에서 학급별로 화단을 꾸미는 행사가 있었다. 반 아이들은 저마다 흙을 파고 씨앗과 묘종을 심고 각각 심은 나무와 꽃에 이름을 지어주었다.

그 후에 일어난 일이다. 누가 시키지 않았는데도 아이들은 자기들끼리 당번을 정해 매일 같이 화단에 물을 주고 잡초를 뽑아 화단을 가꾸기 시작했다. 어려서부터 협동심의 중요성을 배운 아이들은 학급의 화단이 곧 자신의 화단이라고 생각하고 매일 관심과 정성을 쏟는 것을 당연하게 여긴 것이다.

이처럼 네덜란드 아이들은 운동회, 불우 이웃돕기, 청소하기 등 공동의 힘을 모아야 되는 일을 자신의 일처럼 생각하고 최선을 다하는 것을 당연하게 여기고 있다.

이들의 협동정신은 가정에서도 그대로 이어진다. 네덜란드는 맞벌이 부부가 많기 때문에 집안일을 누구 혼자 전적으로 하지 않는다. 집안일은 가족 전체의 몫이라는 생각을 가지고 엄마, 아빠, 아이들이 함께 한다.

"소파의 커버를 바꾸려고 하는데 언제쯤 하는 것이 좋을까?"

"이번 주말에는 아빠랑 주방용품을 사러 가자."

"엄마, 내일은 강아지 목욕시키는 날이에요."

네덜란드 가정에서 흔히 오가는 대화들이다. 이처럼 부모는 아이들을 집안일에 동참시키며 동등하게 대우하고 아이들도 자신의 의사를 표현하기를 주저하지 않는다.

함께 일하고 서로의 의사를 존중하는 네덜란드의 가정교육이 아이들에게 협동심을 가르치고 이 힘이 사회와 국가로 이어져 네덜란드를 진정한 강소국(强小國)으로 만들었다.

매를 들기보다는 침묵하라

어린 자녀들은 거의 하루가 멀다고 잘못을 저지른다. 그러나 이는 대부분이 잘못인줄 모르기 때문에 저지르는 실수에 가깝다. 물론 가끔은 잘못인줄 알면서도 고집을 피우거나, 부모의 관심을 끌기 위해 일부러 나쁜 언행을 보이는 아이들도 있다.

이럴 때 아이들을 꾸짖거나 벌을 주는 것은 부모의 의무라고 할 수 있다. 자녀가 일부러든, 아니면 부주의 때문이든 크고 작은 잘못을 저지를 경우에 부모는 반드시 타이르거나 벌을 주어 다시는 그런 잘못을 저지르지 않도록 예방해야 한다. 이는 자녀들로 하여금 자신의 잘못이 무엇인지를 분명하게 깨닫게 하고, 뉘우치도록 만들어야 한다는 뜻이다.

그런데 부모가 자녀의 잘못을 바로잡아 주기 위해 행하는 여러 가지 방법들은 부족하거나 지나칠 경우에, 또는 흐지부지 끝낼 경우에 자칫 좋지 못한 영향을 아이에게 가져다 줄 수 있다.

이렇게 되는 이유는 부모에게 확실한 기준이 없기 때문이다. 아이들의 잘못에 대해서 부모들은 자신의 입장을 분명하게 밝히고, 확실한 기준과 태도를 보여야 한다.

예를 들어 수 차례의 주의를 주었음에도 그것을 귀담아 듣지 않고 아이가 또다시 잘못을 반복했을 때, 부모는 자녀를 어떻게 다룰 것인가에 대해 마음속으로 결정을 내려야만 한다. 그렇지 못할 경우에는 벌을 주는 것도 아니고, 용서를 하는 것도 아닌 어정쩡한 상태가 되풀이 되고 만다.

"엄마가 몇 번이나 말했니? 왜 그렇게 말을 안 들어? 너 자꾸 그러면 엄마가 가만 둘 줄 알아?"

이럴 경우 어린 자녀는 자신의 잘못을 이해하고 깊이 뉘우치는 것이 아니라 갈피를 못 잡게 된다. 그리고 이러한 경우가 자꾸 되풀이되다 보면, 자녀를 심신이 건전하고 올바르게 키우는 것이 아니라 반항심과 비뚤어진 심성을 지닌 아이로 자랄 수 있다.

이스라엘 부모들은 자녀가 잘못을 저질렀을 때, 일단은 아이의 입을 통해 잘못을 저지르게 된 이유가 어디에 있는지를 먼저 알아낸다. 아이들은 자신이 잘못을 저지른 이유를 말하는 그 과정만으로도 잘못을 깨닫는 경우가 많기 때문이다.

만일 잘못의 원인이 잘 몰라서라거나 어린 탓에 별 생각 없이 누군가의 흉내를 낸 것에 지나지 않을 때, 이스라엘의 부모들은 아이들을 타이르고 가르쳐서 무엇을 잘못한 것인지 알려 준다. 그렇지만 알면서도 저지른 잘못의 경우, 계속되는 잘못된 행동의 경우 이스라엘의 부모들은 엄하게 나무라거나 체벌도 마다하지 않는다.

이스라엘인들이 자녀를 꾸짖는 데 있어서의 이러한 명확한 기준과 태도는 아이들의 심리적 안정과 건전한 성격 형성에 있어 중요한 역할을 한다.

그리고 이스라엘인들은 자녀의 잘못에 대해서 매를 들 때에도 분명한 기준을 지킨다. 먼저 그들은 사람의 머리를 지혜의 근원으로 여기기 때문에 절대로 자녀의 머리를 때리는 일이 없다. 대신에 뺨이나 엉덩이에 체벌을 가한다.

또한 부모의 손 이외에 다른 도구를 이용한 체벌은 절대로 삼가며, 어쩔 수 없이 매를 들 때에는 부모의 마음이 흥분된 상태가 아니라 반드시 마음을 가라앉힌 이후에 체벌을 가한다. 이처럼 매를 들어 행하는 교육이 그만한 효과를 거두기 위해서는 부모의 자제력과 명확한 기준, 그리고 적절한 시기가 전제되어야 한다.

『탈무드』에 등장하는 라브라는 현자는 '아이를 때릴 때는 반드시 구두끈으로 때려라.'고 말했는데, 이는 아이가 몸과 마음에 상처를 입지 않을 정도로만 때리라는 의미이다.

이스라엘인들에게는 매 대신에, 아니 매보다도 무섭게 여기는 벌이 있다. 바로 부모가 자녀와의 대화를 단절해 버림으로써 찾아오는 침묵이다.

『탈무드』에는 '유태인은 쉴 새 없이 입을 움직이는 누에와도 같다.'는 격언이 전해지고 있다. 또한 적재적소에서 말하는 것에 비하면, 적재적소에서 침묵을 지키는 것이 두 배나 더 가치가 있다고 말하고 있다. 그만큼 이스라엘인들은 삶을 영위하는 데 있어서 대화를 중시한다.

이스라엘에서 사람들 사이에 말이 없다고 일컬어지는 사람이 다른 나라나 다른 민족 사이에 놓여지면 수다가 심하다는 말을 듣는다. 이는 이스라엘인들이 어릴 때부터 가정에서 대화를 통해 성장하기 때문이다.

그런 이스라엘인들이고 보면, 부모가 자녀에게 단 30분만 말을 걸지 않아도 견디지 못하게 되는 것은 당연하다. 대화를 할 수 없게 됨으로써 자녀에게 찾아오는 침묵은 자녀에게 가혹한 벌이 아닐 수가 없다. 그렇기 때문에 이스라엘 아이들은 부모의 침묵을 육체의 고통보다도 두려워한다.

이 과정을 통해서 이스라엘 아이들은 차분히 자신의 말과 행동을 돌이켜보면서 반성을 하게 된다.

그런데 이스라엘 부모의 침묵을 이용한 벌은 자녀 교육의 효과뿐만 아니라 또 다른 의미에서 긍정적인 효과를 갖는다. 자녀와의 대화를 단절하고 침묵을 지키는 시간 동안에 괴로워하고 반성하는 것은 자녀만이 아니라는 사실이다. 침묵의 시간 동안 부모들도 자녀와 같은 괴로움을 느끼면서, 자녀의 교육에 있어서 자신이 소홀하거나 잘못한 부분이 무엇인지를 깊이 생각한다. 그리고 자녀에게 벌을 주는 동안 흥분되어 있던 마음이 냉정을 찾아 평정의 상태에 이를 수가 있다.

그리고 이 시간 동안에 이루어진 이스라엘 부모의 반성은 더 나은 자녀 교육과 사랑의 감정으로 키워가게 된다.

– 하지 말아야 하는 이유를 깨닫게 하라

여러 사람들이 모여 있는 전철 안이나 버스와 같은 공공장소에서 천방지축으로 뛰어다니는 아이, 고래고래 소리를 질러대는 아이, 울면서 떼쓰는 아이, 아무 곳이나 쓰레기를 버리는 아이 등 주위 사람들의 눈살을 찌푸리게 하는 무질서한 아이들을 우리 주변에서 쉽게 볼 수 있다.

컴퓨터와 정보기술이 발달되면서 지식 공부는 혼자서도 할 수 있지만 질서 지키기, 규칙 지키기, 버릇들이기, 예의, 도덕 등 전인교육(全人敎育)은 가정과 학교가 아니면 배울 수 없게 되었다. 전인교육이 제대로 되지 않으면 인성 발달에 부정적 영향을 미치게 되고 나아가 성장 후에도 고치기 어렵기 때문에 가정교육이 그만큼 중요하다.

자녀가 어리다고 규칙이나 질서를 다음으로 미루거나 대수롭지 않게 생각하는 부모들이 있다. 그러나 이것은 잘못된 생각이다. 세 살 된 아이도 규칙과 질서는 충분히 지킬 수 있다.

내 아이를 질서와 규칙을 지키는 아이로 키우기 위해서는 어떻게 해야 할까. 먼저 왜 질서와 규칙을 지켜야 하는지 정확하게 설명해야 한다.

"지하철에서는 뛰어다니거나 떠들면 안 된단다."

"왜요?"

"지하철은 많은 사람들이 있지. 피곤해서 잠을 자는 사람도 있고 책이나 신문을 보는 사람도 있는데 네가 만약 뛰어다니거나 큰 소리로 떠들면 그 사람들에게 피해를 주게 돼. 네가 집중해서 무언가를 하거나 잠잘 때 옆에서 시끄럽게 떠들면 어떻겠니? 그와 똑같은 거야."

무조건 '조용히 해.' 라는 말보다 아이들이 받아들이기 쉬운 말고 설명해주어야 한다. 아이들은 어른들이 같이 의논하고 설명해주는 것을 좋아한다. 자신도 하나의 인격체로 존중받고 있다는 생각이 들기 때문이다.

- 감사의 편지를 쓰게 하자

아이들에게 맛있는 음식을 먹을 수 있기까지 농부 아저씨들이 흘린 땀이나 옷과 같은 제품이 만들어지기까지 얼마나 많은 사람들의 수고가 들어 있는지 가르쳐주도록 하자.

예를 들어 매일 아침 먹는 우유를 배달해주는 사람의 노고를 생각해 보는 시간을 가져보자.

"민영아, 오늘처럼 민영이가 좋아하는 우유를 먹을 수 있는 건 우유를 배달해주시는 분이 자신의 일을 게을리하지 않으셨기 때문이란다. 민영이는 비가 오면 밖에 나가는 게 귀찮지? 우유를 배달해주시는 분은 민영이에게 우유를 배달해준다는 약속을 지키시기 위해 새벽 일찍 집을 나오신 거란다. 오늘은 민영이가 그분을 위해 감사의 편지를 써 보면 어떨까? 아마 민영이의 편지를 받게 되면 그분에게 힘이 될 거야."

당연하게 생각하는 일상의 작은 일에서부터 감사의 마음을 키워준다면 아이의 품성과 가치관은 올바르게 자리잡을 것이다.

　　외국어의 필요성은 교육계와 학부모들 사이에서 끊임없이 회자되어 왔다.

　　외국어가 개인이나 국가의 경쟁력을 위한 필수 요소이기에 그 배움은 끝이 없다. 그러나 우리나라 언어 체계와는 근본적으로 다른 외국어를 익히기 위해서는 그만큼 많은 노력과 시간을 필요로 한다.

그렇다고 아이들에게 무조건 필요하니까 배우라고 말해 봤자 교육 효과는 기대하기 어렵고 어떻게 외국어 공부를 시켜야 좋을 지 부모로서 고민이 클 수밖에 없다. 아이들은 호기심을 느끼고 재미를 붙이면 스스로 빠져들어 놀라운 속도로 성과를 이루어나갈 것이다.

이미 세계 각국 부모들과 교육계의 관심은 외국어 교육으로 돌려진지 오래고 그 결과 놀라운 외국어 실력을 갖추게 되었다. 그 나라들의 사례를 통해 아이들에게 어떻게 외국어를 가르치고 재미를 느끼게 했는지를 알아보고 이를 우리 현실에 적용해 보자.

외국어가 힘이다

비 영어권 국가중
가장 영어를 잘 하는 나라

비 영어권 국가중에서 가장 영어를 잘 하는 나라, 전체 국민의 80% 이상이 영어를 유창하게 하고, 66% 이상이 독일어를 구사하며, 25%가 프랑스어를 할 수 있는 나라, 이것이 네덜란드이다.

사실 네덜란드가 작은 국토를 가지고서도 경제 부국이 될 수 있었던 이유도, 강대국 사이에서 세계적인 물류의 중심지로 살아남을 수 있었던 이유도 그 핵심엔 언어 교육이 있었다.

네덜란드에선 외국에서 제작된 영화나 드라마엔 더빙을 하지 않는다. 화면 하단에 자막을 넣어 방송함으로써 외국어를 자연스럽게 들을 수 있도록 하였다. 그 뿐만이 아니라 국영 TV 방송을 하는 한 채널은 아예 영어로 방송을 하기도 한다. 어린이들이 보는 영어권 만화영화 역시 영어로 방송한다.

이는 아주 중요한 포인트가 아닐 수 없다. 생활 속에 외국어를 스며들게 하여 스스로 알지 못하는 사이에 자연스럽게 접하게 하는 좋은 방법이기 때문이다.

그렇다고 네덜란드인들이 모국어를 중요치 않게 생각하는 것은 아니다. 네덜란드어는 2,100만 이상의 네덜란드 국민의 모국어이며 전 세계적으로 보면 30번째로 많이 사용되는 언어이기도 하다.

네덜란드는 국가 경쟁력을 키우는 가장 확실한 방법으로 외국어 교육을 적극적으로 실현하였다. 네덜란드에서는 초등학교 때부터 고등학교 졸업까지 12년간 매일 1~2시간씩 영어를 가르치는데 문법이 아닌 회화 위주로 주로 진행시켜 학생들에게 영어가 익숙하게 배도록 유도한다.

또한 중학교 2학년 때부터는 주당 3시간씩 연간 100시간을 독일어, 스페인어를 비롯한 14개 외국어 중 하나를 제2 외국어로 선택해 가르친다.

이런 교육을 받은 네덜란드인들은 대부분 고등학교 졸업자일 경우 2개 국어, 대학 졸업자인 경우는 3개 국어를 구사할 수 있게 되는데 여기에는 네덜란드의 세심한 교육 과정이 중요한 역할을 한다.

그들의 교육은 영어 시험을 잘 보기 위해 문법만을 달달 외우고 잊어 버리는 교육과는 다르게 실생활 안에서 이루어지는 교육으로 외국어가 자연스레 구사될 수 있도록 한다.

일례로 네덜란드인들은 대학생이 되면 다른 나라로 어학연수 겸 아르바이트를 나가게 되는데, 그들은 그 곳에서 어려서부터 몸에 익힌 상술을 발휘할 뿐만이 아니라 그 동안 배웠던 외국어를 사용하고 더불어 다른 나라의 문화와 예절을 배우며 사고를 넓히고 세계적인 안목을 가진 인간으로 성장해 간다.

네덜란드가 언어 교육에 힘씀으로써 얻을 수 있었던 것은 이루 헤아릴 수 없지만 그 중 몇 가지를 꼽자면, 경제적인 부가가치다.

네덜란드 상점에선 독일인이 독일어로 물으면 점원이 독일어로 대답하고 프랑스인이 불어로 물으면 불어로 대답한다. 트럭 운전기사나 물류센터 운영자들도 모국어 외에 2~3개의 외국어를 구사할 수 있는데 전 국민이 외국어를 이처럼 잘할 경우 얻어지는 경제적 가치는 실로 어마어마하다.

네덜란드에 외국 기업이 들어올 경우 역시 마찬가지다. 외국어를 구사할 수 있는 숙련된 전문 인력이 즐비한 네덜란드로서는 외국 기업이 진출하기에도 더없이 좋은 환경을 제공해주는 셈인 것이다.

세계 곳곳에 포진한 네덜란드인들이 그 어떤 민족보다 세계 곳곳에 자연스레 스며들어 터전을 마련할 수 있는 이유도 외국어 교육의 힘이다.

한 마디로 네덜란드의 외국어 교육이 사회, 경제, 문화 모든 곳에서 네덜란드인에게 날개를 달아주고 있다고 할 수 있다.

일상생활 속에서
자연스럽게 배운다

은행가이자 미국 금융계의 신화로 남아
있는 유태인 조지 셀리그먼의 성공의 뒤에는 뛰어난 외국어 실력
이 한몫을 했다. 조지 셀리그먼의 집은 매우 가난하였다. 그러나
셀리그먼의 어머니는 어려운 집안 환경에도 불구하고 자녀들의
교육에 많은 관심과 정성을 기울였다. 그래서 셀리그먼을 에드란
켄 대학에 입학을 시켰다. 어머니는 셀리그먼이 훗날 큰 인물이
되리라는 믿음을 갖고 어렵게 대학 공부를 시켰던 것이다.

"얘야, 대학에 가면 여러 가지 분야에 관심을 가져야 한다. 특
히 유태인이라면 2개 국어 이상을 능숙하게 구사할 수 있어야 한

다. 네가 다음에 훌륭한 인물이 되어 전 세계 사람들을 만나려면 우리의 말뿐만 아니라 여러 가지 외국어를 읽고 말할 수 있어야 한다.”

셀리그먼은 어머니의 충고에 따라 대학에서 외국어를 배우는 데 매우 많은 노력을 기울였다. 그리하여 대학을 졸업할 무렵에는 그리스어, 영어, 프랑스어를 능숙히 사용할 수 있게 되었으며 기존에 알고 있던 독일어, 히브리어, 독일어와 히브리어가 혼합된 이디시어까지 6개 국어를 자유롭게 구사할 수 있게 되었다. 이때 익힌 외국어 실력은 훗날 ‘금융계의 왕자’로 불릴 만큼 큰 성공을 거두는 데 밑바탕이 되다.

이후 셀리그먼은 미국의 국제 금융 시장에 진출하여 뛰어난 어학 실력을 바탕으로 능력을 인정받았으며, 형제들과 함께 뉴욕에 ‘J&W 셀리그먼 컴퍼니’라는 은행을 설립하여 세계적인 금융 재벌이 되었다.

이처럼 유태인들은 외국어에 대해 관심이 높으며 가능한 어린 시절부터 외국어를 접촉할 수 있도록 한다.

이스라엘은 초등학교 2~3학년이 되면 학교에서 영어 교육을 실시한다. 한때 중학교 시절부터 외국어 교육을 실시하였으나 자국어인 히브리어에 익숙해진 아이들이 언어 체계가 다른 외국어를 익히는데 많은 문제가 발생했다. 이 경험을 바탕으로 조기 영어 교육 정책을 펼쳐 현재 이스라엘인들의 언어 능력은 영어권 국민들의 발음과 거의 구분이 없을 정도로 뛰어나다.

영어뿐만이 아니라 불어, 아랍어 등 인접 국가들의 언어까지 초등학교 6학년부터 교육시킬 정도니 이스라엘인의 언어교육 열성이 어느 정도인지는 짐작이 갈 만하다. 이러한 열성의 결과 2개 국어 이상을 구사하지 못하는 이스라엘인들을 찾아보기는 힘들다.

그러나 외국어의 성과가 국가적으로 실행된 조기 교육의 결과라고만 생각하기는 어렵다. 우리나라 아이들도 일찍부터 영어 공부를 시작하지만 그 영어 실력이 기대한 만큼의 성과는 이루지 못하고 있기 때문이다.

이스라엘 국민들의 영어 실력은 조기교육의 성과도 있지만 그보다 앞서 가정에서 비롯되었다고 할 수 있다.

이스라엘은 알다시피 오랜 세월 전 세계를 유랑하며 지냈던 민족이다. 그만큼 세계 각처에 흩어져 있는 친척이나 가족들이 많고 이들은 각기 터전을 잡은 나라에서 히브리어가 아닌 다른 나라의 언어를 배우고 사용하며 지내왔다. 친척이나 가족들이 잦은

왕래를 하면서 히브리어뿐만이 아니라 외국어를 자연스럽게 듣게 되고 이것이 조기 교육과 결합하여 성과를 이룬 것이다.

이스라엘의 영어 교육에서 우리가 배워야 하는 것이 바로 이것이다. 학교 교육이나 학원 교육에만 의지할 것이 아니라 그러한 교육이 가정에서도 이어져야만 한다. 영어 교육은 많은 시간의 투자만큼 실생활에서 얼마나 자주 사용하느냐에 따라 효과가 결정되어지는 만큼 아이들이 학교나 학원에서 배운 영어를 가정에서도 활용할 수 있도록 부모가 그 역할을 담당해야 한다.

짧고 간단한 영어라도 가정에서 아이와 영어로 대화를 주고 받는 시간을 가져 아이들이 실생활에서 영어를 자주 접하고 사용하게 하는 것이 영어 실력을 향상시키는 좋은 방법이 될 것이다.

실용 영어로 승부한다

불과 몇 년 전까지만 해도 사회주의 국가의 중심이던 구소련은 영어가 안 통하기로 유명한 나라였다. 소련의 국민들은 영어를 몰라도 불편함을 겪지 않았으며 오히려 다른 나라 국민들이 어느 정도의 러시아어를 구사할 줄 안다고 생각했다. 러시아인들이 이렇게 생각한 것은 사회주의 국가였던 구소련을 방문하는 외국인들 대부분이 소련의 영향 하에 있던 사회주의 국가의 사람들이었기 때문이다.

개방 초기에 러시아를 방문한 우리나라 사람들은 러시아 사람들이 영어를 잘 몰라 당황한 적이 많았다고 한다. 또한 러시아의 대학 교수들조차 영어로 된 인사말조차 모르는 현실이 믿어지지 않았다고도 한다.

그러나 지금의 러시아는 그야말로 영어의 열풍에 휩싸여 있다. 영어는 이제 필수과목으로 자리잡아가고 있으며 나이를 떠나 앞다투어 영어 공부에 매달리고 있는 실정이다.

이러한 배경에는 개방 초기, 영어를 구사할 줄 아는 인력이 적어 영어 가능자에 대한 대우가 올라가 급기야 영어 가능자가 동일 직종에 종사하는 다른 사람들에 비해 2~3배의 임금을 받기 시작한 것이 주요 원인이다.

개방으로 인한 시장 경제의 도입은 필연적으로 영어의 수요를 가져왔고 지금 러시아는 그야말로 영어 공부에 매달리고 있다고 해고 과언이 아니다.

이처럼 사회적 필요에 따라 시작된 러시아의 영어 교육은 100% 실용 영어에 중심이 실려 있다.

러시아인들은 이를 위해 초등학교 1학년 때부터 영어 수업을 영어로만 진행시킨다. 영어 수업 인원도 4~7명으로 소그룹을 만들어 진행한다.

또한 영국의 초등학교와 자매결연을 맺어 아이들을 영어의 종주국에 교환학생으로 보내 실제로 영어와 영어권 국가의 문화를 경험하게 한다. 초등학교 3학년만 되면 러시아 아이들이 영어로 듣고 말하는데 문제가 없게 되는 것은 이 같은 교육이 뒷받침되기 때문이다.

초등학교의 경우 초등학교 입학 시험에 영어가 포함되어 있는 학교도 있을 정도로 러시아에 부는 영어 바람은 무섭다.

"유명 유치원에 가보면 영어를 안 배우는 곳이 없다. 영어 교육의 성공 여부는 조기교육에 달려 있기 때문이다. 우리가 영어 입학 시험을 치르는 이유는 실력 차가 너무 벌어져 있는 학생들을 한 교실에서 배우게 할 수 없기 때문이다."

러시아의 한 초등학교 교장의 말이다.

러시아 대학의 영어 교육은 실용 영어 교육이 어떻게 진행되고 있는지 잘 보여주고 있다. 보통 5~9명 정도의 소수 그룹으로 진행되는 영어 수업은 철저하게 대화 위주로 진행되며 우리나라와 같은 단답형의 필기 시험은 아예 존재하지 않는다.

러시아 영어 교육의 시험은 영어로 작성한 논술 답안지를 놓고 심사위원들의 영어 질문에 영어로 대답하는 방식으로 이루어진다. 초등학교부터 진행된 실용 영어 교육을 대학까지 이어가는 것이다.

러시아 사람들의 경우 영어를 아주 잘하던지 아니면 한 마디도 못하던지 둘 중의 하나가 대부분이다. 일단 영어 교육을 받은 사람들은 영어를 아주 잘하고 한 마디도 못하는 경우는 영어를 전혀 배운 적이 없는 사람들이다. 러시아의 영어 교육이 그만큼 실용적으로 진행되고 있는 셈이다.

현재 러시아의 영어 열기는 아이들에게만 국한되어 있지 않다. 기업에서는 전 직원을 상대로 영어 교육을 실시하고 있으며 학원 광고란은 영어 학원 광고로 지면이 뒤덮고 있다. 좋은 직장을 갖기 위한 조건엔 영어 가능자가 필수 사항이다.

지나친 영어 열기에 대한 비판이 러시아 내부에서 없는 것은 아니지만 사회적인 필요에 의해 시작된 조기 영어 교육, 실용 영어 교육이 러시아의 미래를 밝게 하는 힘이란 것을 부인하는 사람은 없다.

지금은 영어 교육 실험중

'세 살 버릇 여든까지 간다.'는 속담이 있다. 스페인은 지금 이 속담을 영어 교육에서 활용하고 있다. 영어를 잘하게 하려면 아이들을 세 살 때부터 영어와 친숙해지도록 교육해야 한다는 것이다.

스페인의 한 공립학교, 이제 세 살이 된 아이들이 영국 교사에게 영어 교육을 받고 있다.

"Show up your hands."

영국인 교사는 양손을 내밀며 말한다. 아이들 역시 따라서 손을 내민다.

이어 영국인 교사는 주먹을 폈다 오므렸다를 반복하며 ‘open.’ ‘closed.’를 외친다. 아이들도 따라서 ‘open.’ ‘closed.’를 외치며 주먹의 모양을 바꿔간다.

이러한 방식은 아이들에게 ‘open.’ ‘closed.’의 단어를 외우게 하지 않아도 ‘open.’ ‘closed.’가 어떠한 상태를 나타내는 말인지 알게 하는 효과를 거둔다. 또한 처음부터 끝까지 영어로만 진행되는 수업에서 몸을 이용하고 장난감을 이용한 수업 방식은 아이들이 흥미를 잃지 않도록 도와준다.

이번엔 네 살 짜리 아이들이 영어 교육을 받고 있는 곳을 들여다보자. 역시 영국인 교사가 진행하는 이 수업의 특징은 영어로 수업이 이루어짐은 물론 아이들의 질문조차 스페인어로는 받지 않는다는 것이다. 교사들은 영어 수업에 아이들이 스페인어를 사용하면 아예 대답조차 하지 않는다.

“Woud you like to tell me something? Hands up(발표하려면 손을 들고 하세요).”

교사는 스페인어를 사용하는 아이에게 엄하게 영어로 말할 것을 지적하고 이 말을 들은 아이는 손을 든 후 짧은 영어이지만 최선을 다해 말한다.

"언어란 살아있는 것이므로 제일 먼저 귀가 트이고 입이 열려야 한다. 아이들이 영어로 자유자재로 의사소통 할 수 있도록 하는 것이 영어 교육의 목표다."

영어 교육을 책임지고 있는 한 주임 교사의 말은 스페인 영어 교육의 목표를 대변해 주고 있다.

공식적인 스페인의 영어 교육은 여덟 살 때부터 시작된다. 그러나 유치원과 초등학교 과정에서도 영어 교육을 원하는 아이들을 대상으로 졸업할 때까지 영어 교육을 받을 수 있도록 하고 있다. 이를 스페인에서는 영어 실험학급이라고 한다.

스페인이 이처럼 적극적으로 영어 실험 교육을 펼치는 이유는 아이들이 국제적인 인재로 자라나게 하기 위해서다. 스페인이 한때 세계를 제패했고 지금도 스페인어가 전 세계 3억 명 가량이 사용하고 있는 언어지만 국제어가 된 영어에는 영향력이 미치지 못하기 때문이다. 이를 반영하듯 한 통계자료에 의하면 스페인 초등학교의 영어 선택율이 무려 97%나 된다.

스페인 영어 교육의 특징은 영어와 스페인어 교육의 병용이라고 할 수 있다. 스페인인들은 아이들이 영어만 잘하는 것도 스페인어만 잘하는 것도 원치 않는다. 두 가지 언어를 아이들이 병용하기를 원하는 것이다.

이를 위해 스페인들은 영어로만 진행된 수업이 끝나면 똑같은 내용의 수업을 스페인어로 다시 진행한다. 이러한 방법은 아이들의 이해력을 높이고 반복 학습의 결과를 낳아 기억하기 쉽게 한다.

영어 공부를 원하는 모든 학생들에게 기회를 주기 위한 스페인의 실험 영어 교육은 이미 선행되고 있는 사립학교의 영어 교육으로 인해 아이들 간의 격차를 줄이고 모든 아이들이 영어를 접할 수 있도록 영어 접근 평등권을 주고 있다. 이러한 스페인의 영어 교육의 정책은 학부모들의 열렬한 지지를 받고 있다.

"스페인의 영어 교육은 커뮤니케이션 능력 배양에 초점을 두고 있다. 말하기 교육이 우선적이고 문법과 독해는 그 다음이다."

이처럼 모든 아이들에게 살아있는 영어 교육을 하고자 하는 스페인들의 노력이 지금 실행되고 있다.

모국어만 고집하던
시대는 갔다

"프랑스 사람들은 영어로 질문을 하면 대답해 주지 않는다."

"프랑스에서는 불어로만 대화가 가능하다."

한때 이런 이야기가 떠돌 정도로 프랑스인들의 모국어에 대한 애착은 세계적으로 유명하다. 영어를 구사할 수 있음에도 대부분의 프랑스인들이 프랑스어를 사용하려는 고집을 두고 세간에서 했던 말이다.

그러나 현재 프랑스 사회는 달라지고 있다. 좋은 기업일수록 프랑스어만큼 완벽하게 영어를 구사하는 인재를 원하기 때문에 사회각층에서 영어 공부 바람이 불고 있다.

실제로 프랑스 자동차를 대표하는 '르노'는 중역 회의 보고서를 모두 영어로 작성할 뿐만 아니라 인터넷 홈페이지도 모두 영어로 되어 있다. 사내 공용어는 프랑스어지만 인터넷에선 영어가 공통어이기 때문이다. 정보통신회사 '알카텔'도 영어를 공용어로 택하고 있어 8만 명의 직원이 영어로 이메일을 주고받으며 업무를 처리하고, 석유회사 '토탈피나'는 아예 사내 영어 교육을 위한 회사를 별도로 차려 직원들에게 영어 교육을 받도록 한 실정이다.

이들 회사에서는 영어 실력이 승진에 중요한 역할을 담당하고 있다. 지식정보사회에서는 세계 공용어로 자리잡은 영어를 제대로 구사하지 못하고서는 21세기에 살아남기 어렵다는 프랑스 기업들의 위기의식이 반영된 것이다.

이러한 위기의식은 프랑스 가정에도 그 영향을 미치고 있다. 아이들의 교육에 남다른 열성을 가지고 있는 프랑스 부모들은 정부에서 실행하고 있는 영어 조기 교육에 만족하지 않고 가정에서 영어 교육에 다각도로 모색하고 있다.

프랑스 교육부는 1996년부터 외국어 교육을 중시해 왔는데, 초등학생의 80%정도가 영어를 외국어로 선택하여 공부하고 있으며 현재 약 130만 명의 어린이들은 영어로 말하고 노래할 정도의 수준을 가지고 있다. 중고등학교에서는 90% 이상이 제1 외국어로 영어를 익힐 정도로 영어 교육의 열기는 계속될 전망이다. 영국인이나 미국인 가정에 단기간 머물며 영어를 익히는 조기 영어 학습이 새 유행처럼 번지고 있으며 영어 학원의 시장 규모 역시 매년 늘어나고 있는 추세라고 한다.

그러나 기본적으로 프랑스인들은 사교육비로 지출을 하거나 자유롭게 커야할 아이들을 학원으로 보내 학교 교육 외의 학습을 시키는 것을 좋아하지 않는다. 따라서 영어 교육 역시 학원보다는 학교 교육의 연장으로 가정에서 실시하는 것을 더 선호한다.

학교 교육과 병행해 가정에서 이루어지는 프랑스인들의 영어 교육은 철저하게 생활 영어 중심이다. 또한 모국어를 사랑하는 민족답게 어휘력 향상에 그 초점이 맞추어지고 있다. 문법을 너무나 강조한 나머지 몇 년 동안 영어 교육을 받고서도 실제로는 영어 한 마디 외국인과 나누지 못하는 우리나라 교육과는 많은 차이를 엿볼 수 있다.

예를 들면 슈퍼마켓에서 파는 물건들이나 거리에서 흔히 볼 수 있는 시설물들의 영어 단어를 알게 하는 것이다. 프랑스 부모들은 슈퍼에서 야채와 통조림을 고르다가 아이에게 이렇게 말한다.

"The store sells vegetables and canned food.이 말은 그 상점에서는 야채와 통조림을 판다는 뜻이야. 야채와 통조림을 영어로 맞춰볼래?"

"음, 야채는 vegetable이고, 통조림은 can이죠?"

아이들이 공부인지 놀이인지 분간이 가지 않도록 하며 영어를 일상생활 속에서 자연스럽게 가르치는 것이다.

현재 프랑스는 아이들에게 모국어와 영어를 공유하게 하는 '2개어 병용주의(Bilinguisme)'을 모색하고 있으며, 프랑스 교육부는 2005년부터 영어 조기교육을 위한 새로운 교육프로그램을 제시한 상태이다. 그만큼 최근 프랑스에 영어 교육 열기가 대단하다는 말일 것이다.

지금으로부터 20년 전 미국 영화 '스타워즈(Star Wars)'가 신문과 포스터 등에 영어 표기 규제 대상이 되어 프랑스어 'Guerre des etoiles(별들의 전쟁)'로 표기되었다. 그러나 조지 루카스가 새롭게 만든 '스타워즈'가 상영되었을 때는 극장 간판에 'Star

Wars’로 표기됨은 물론 다수의 미국 영화들 역시 영어 표기대로 통용되었다.

　모국어 관리와 감독을 담당하는 프랑스 학술원의 영어 범람 우려와는 상관없이 프랑스의 영어 사용과 영어 교육의 열기는 앞으로 계속될 것으로 전망된다.

영어 교육은 국제사회에 대한 이해와 병행되어야 한다

일본의 초등학교 영어 교육은 정규 과목으로 도입된 것이 아니라 학교 실정에 맞춰 시행되고 있다. 영어 교육에 대한 학부모나 교육계의 관심이 적어서가 아니다. 우리나라만큼 학부모들의 조기 영어 교육에 대한 관심이 큰 일본은 영어를 정규 과목으로 도입해 아이들에게 가르치는 시기가 언제가 적절한지를 놓고 활발한 논의를 계속하고 있지만 결론이 나지 않았기 때문이다.

일본의 중·고등학교의 영어 교육의 경우 배울 점들이 많다. 불과 몇 년 전까지만 해도 우리나라와 마찬가지로 대학 입시를 위한 읽기와 쓰기의 교육이 중심이던 일본은 이러한 방식에서 탈피해 살아있는 영어 교육에 힘쓰고 있다.

대학 입시에 대비한 문제풀이 위주의 영어 수업에서 벗어나 실제로 영어 회화로 수업을 진행하고 다양한 수업 방식을 고안해 영어가 학생들에게 익숙해지도록 하고 있다.

처음에는 단순히 교과서를 외워 말하게 하는 것부터 시작해 스스로 만든 문장을 발표하게 하고, 그 단계가 지나면 학생들끼리 가상 인터뷰를 진행하도록 한다. 영화를 통해 정확한 발음을 배우도록 하는 것도 한 방법이다. 영화에 나오는 대사를 듣고 그대로 따라하게 하는 방식을 도입해 재미와 발음 교정을 동시에 추구한다. 이러한 방식으로 영어 교육을 실시한 결과 학생들은 영어에 더욱 재미를 붙이고 두려움도 극복해 대학 입시에서도 좋은 결과가 나왔다.

또한 영어를 가르치는 동시에 국제사회에 대한 이해 과목을 동시에 공부하도록 해 영어가 필요한 이유나 앞으로 영어를 배워 국제 사회에서 어떠한 일을 할 것인지 학생들 스스로 깨닫게 한다.

무조건 영어 교육만 시키면 학생들은 왜 영어를 공부해야하는

지 모르고 지겨워하거나 싫어하기 쉽지만 국제사회에 대한 이해를 병행하게 되면 학생들 스스로 영어의 필요성을 절감하게 되고 앞으로 영어를 활용할 목표를 세우게 되기 때문에 효과적이다.

국제사회 이해에는 여러 가지 공부가 포함된다. UN의 역할과 기능을 포함해 세계의 경제 흐름, 유니세프기관의 설립 취지와 활동 등 그 자체만으로도 아이들의 시야를 세계적으로 넓히는 계기를 마련해준다. 여기에 그치지 않고 유니세프 모금에 참여하게 하거나 다 쓴 공중전화 카드를 모아 바꾼 돈으로 제3 세계의 어린이들을 돕게 하는 실천적인 방법까지 실행하고 있다.

이처럼 일본의 영어 교육은 영어만 잘하는 것이 아니라 다른 교육과 연계하는 종합적인 교육을 통해 아이들의 흥미를 자극하고 통합적인 능력을 키우게 하고 있다.

– 자녀에게 영어를 가르치는 방법

자녀가 영어를 잘하게 하려면 무엇보다 어머니의 역할이 아주 중요하다. 부모가 직접 자녀에게 영어를 가르치면 정서적으로 안정을 느낄 수 있으며 자녀의 특성과 수준에 맞추어 학습할 수 있는 장점이 있다.

'영어를 못하는데 내 아이에게 영어를 가르쳐도 될까?' 라고 고민하는 어머니들이 주변에 많다. 그러나 걱정하지 말자. 중요한 것은 영어 실력이 아니라 영어를 친근하게 대하는 자세이다.

우선 어머니부터 영어를 두려움 없이 받아들이는 자세가 필요하다. 영어를 좋아하게 되면 실력도 자연스럽게 향상되고 자녀도 이를 따라 배우게 되기 때문이다. 그리고 AFKN, 영어 방송, 영어 비디오 등을 자녀와 함께 듣기로 하자.

또한 쓰기를 가르칠 때에는 단어를 하나하나 외우게 할 것이 아니라 문장 중심의 학습법이어야 한다. 단어나 숙어를 아무리 많이 알아도 영어를 실제로 활용할 시에는 많은 어려움을 겪을 수 있기 때문이다. 그러므로 집에서 아이와 영어로 대화하는 기회를 많이 갖도록 하자.

– 영어에 자녀를 노출시켜라

유행처럼 번지고 있는 어학 연수 단 한번 보내지 않고 CNN 방송을 듣고 이해할 수 있을 정도로 중학교 자녀를 가르친 한 주부는 그 비결을 한 마디로 이렇게 말한다.

"무조건 아이를 영어에 노출시켜라."

아이가 어렸을 때부터 하루 2~3 시간씩 영어가 나오는 노래나 비디오를 틀어놓고 아이가 서서히 영어에 빠져들도록 한 방법이 자신의 비결이라고 한다. 어느 순간 아이는 영어로 된 노래를 따라 부르게 되고 이 시기를 놓치지 않고 영어 교육을 시작하면 큰 효과를 보게 된다는 것이다.

처음엔 딱딱한 학습보다는 놀이로 시작하는 것이 좋다. 알파벳을 놀이나 그림을 통해 가르치는 것을 시작으로 재미있는 그림이나 글씨가 큰 책들로 아이가 실증을 내지 않으면서 영어와 친해지도록 한다. 그 후 점차 영어로 된 비디오나 오디오 북을 활용하고 재미있고 쉬운 동화책으로 진행시켜 나간다. 이 과정 중에서도 아이가 무엇을 하건 상관없이 영어를 들려주는 것이 병행되어야 한다.

일단 영어에 재미를 붙인 아이들은 한 마디라도 영어로 대화를 하고 싶어한다. 서툰 문장과 발음이지만 일단 칭찬을 해 아이들에게 자신감을 심어준 후 틀린 문법이나 발음을 고쳐주는 것이 아이들이 흥미를 잃지 않고 영어를 계속하게 만드는 비법이다.

특히 간단한 단어나 초기 영어 교재는 아이와 함께 여러 가지 동식물이나 문양을 이용해 만들어 사용하는 것이 좋다. 영어가 공부가 아니라 엄마와 같이 하는 놀이라는 인식을 아이에게 심어주기 때문이다.

아이들에게 영어를 공부해서 무엇을 할 것인지를 정하게 하는 것도 학습 능력을 배양시킨다. 아이들 스스로 영어에 흥미를 갖고 배워야 한다는 인식이 바탕이 되어야만 초기 영어 교육을 지나 심도 깊은 영어 교육이 진행되어도 싫증을 느끼지 않게 된다.

세계의 자녀 교육

초판 1쇄 발행 | 2011년 5월 4일

지은이 | 문미화

펴낸곳 | 책읽는달

주 소 | 서울특별시 영등포구 양평동 39번지
　　　　 우림라이온스밸리 1차 A동 1408호

전 화 | 02) 2638-7567

FAX | 02) 2638-7571

등록번호 | 제2010-000161호

값 | 12,000원

ISBN 978-89-965462-4-5 13370

* 잘못된 책은 본사나 구입하신 곳에서 바꾸어 드립니다.